“꿈을 꾼다면 이루어 질 것이다.

꿈꾸는 대로의 삶을 살게 될 것이다.”

아웃사이더 재테크

Outsider Financial Techniques

대중이 가지 않는 뒤안길에 꽃 길이 있다

| 지은이 **민경철** |

nobook

| 목 차 |

Part 2. 재테크 과정편

... 하와이 부동산 구매 A부터 Z까지

Part 3. 재테크 전략편

... 현금도 종목이고 쉬는 것도 투자다.

프롤로그

대중이 가지 않는 뒤안길에 "꽃길"이 있다

"당신, 증권회사에 다닌다면서 지금 주식투자 이야기가 아니라 부동산 투자에 대해 이야기하겠다는 거야?"

"그것도 뜬금없이 하와이에?"

내가 증권회사에 다닌 지도 올해 어언 32년째가 되었다. 그렇게나 오랫동안 증권회사에 몸을 담고 있었으니 당연히 주식투자에 관한 이야기를 하는 것이 어울릴 것이다. 요즘 주식투자를 좀 한다는 사람들은 다들 주식투자에 관한 책을 쓰거나, 유튜브 하기 바쁘니까 말이다. 그런 와중에 느닷없이 한국도 아닌 해외부동산 투자에 관한 이야기를 한다니 좀 생뚱맞게 느껴질 수도 있다.

그렇지만 독자들이 이 책을 다 읽어갈 무렵에는 '아! 저 사람은 이래서 하와이에 부동산을 산 거였구나' 하며 무릎을 치게 될 것이다. 그리고 바로 나도 한번 이 사람 따라 해 볼까? 하는 생각이 들지도 모른다. 모든 투자는 연결되어 있으니까 말이다.

"대중이 가지 않는 뒤안길에 꽃길이 있다"라는 주식투자 격언이 있다. 투자에서는 모두가 "Yes"라고 말할 때 "No"라고 할 수 있어야 좋은 투자라고 할 수 있다는 뜻이다. 다들 "Yes"라고 말할 때 그 "Yes"가 정답이 아님을 나는 사회 첫발을 내디뎠을 때 경험하였다.

1989년, 대학을 졸업하고 '장관 연줄'이 있어도 들어가기 힘들다던 증권회사에 입사했다. 증권회사는 우리사주로 인해 억대 셀러리맨이 탄생하던 시절이라 나는 주변의 부러움을 한 몸에 받았다. 그러나 그 좋은 시절도 잠깐. 1989년, 한국증시 사상 처음으로 주가지수가 1,000포인트를 넘긴 직후부터 1992년까지 증시는 450포인트대까지 하락하면서 신용계좌에서 마이너스가 발생하는 깡통 사건이 발생했다.

입사 초기에 나의 인기는 빠르게 상승하는 주식과 함께 상한가를 치면서 괜찮은 조건을 가진 미모의 여자들을 소개해 주겠다는 친구들이나 손님들이 줄을 섰다. 그런데 그렇게 잘나가던 나의 인기도 점점 하루가 멀다 하고 폭락하는 주가와 함께 나락으로 떨어졌다. 이 무렵 "농촌 총각보다도 인기가 없는 총각이 증권회사 총각이다"라는 우스갯소리가 나올 정도였다. 내가 그렇게나 원했던 이 길은 결코 꽃길이 아니었다. 막차가 이미 출발한 상태였는데 그 막차를 놓치지 않으려고 허겁지겁 뛰어 올라탄 모습. 이것이 바로 1980년대 말 증권회사에 입사한 내 모습이었다. 누구나 열광할 때 떠나야지 이렇게 편승할 때가 아니라는 것을 온몸으로 느끼며 그렇게 나의 험난한 사회생활이 시작되었다.

나는 증권회사 직원으로 "산전수전", "공중전", "심리전", "화학전"에다 "911 테러전"까지 온몸으로 겪으며 30년 넘게 줄기차게 주가와 함께 나는 투자의 세계에 있었다.

상승국면 막바지에서의 직업에 관한 이야기와 달리 바닥국면에서 일어나는 사회현상이 2020년에 있었다. '대중이 가지 않는 뒤안길에 꽃길이 있다'라는 주식투자 격언에 어울리는 일이 코로나 사태로 벌어졌다. 2020년 코로나 사태로 코스피 지수가 1,464포인트까지 폭락을 한 것이다. 그런 시기에 "Yes"라고 말하며 주식을 매수해야 좋은 투자가 된다. 많은 사람이 "No"라고 말할 때 반대로 "Yes"

라고 말하며 행동에 옮길 수 있을 때의 투자가 좋은 결과를 갖게 한다. 주식은 때를 사라고 하지 않던가?

그렇다면 지금 사람들은 무엇에 열광하고 있을까? 어떤 투자에 "Yes"라고 말하고 있을까? 가상화폐? 주식? 부동산? 최근 몇 년간 서울의 아파트 가격이 폭등하면서 '벼락 거지' '영끌투자'와 같은 신조어가 만들어졌다. 이렇게 신조어까지 탄생시킨 투자처라면 "No"를 해야 마땅하다.

2020년에 코로나 사태가 터졌을 때 주식투자는 대부분의 투자자가 "No"라고 말했던 시절이었다. 1998년 IMF 시절에도 그랬고, 2008년 금융위기 때도 그랬고, 2020년 코로나 사태로 주가가 폭락할 때도 비슷한 상황이었다. 그런 때가 "Yes"라고 말하며 주식을 매수해야 할 때인 것이다.

2020년 주가가 바닥을 치고 오르기 시작하자 주식투자 인구가 폭발적으로 늘었다. 신규 증권계좌 개설 건수가 수백만 건이 늘었다는 뉴스가 들렸고, 생전 주식투자와는 담을 쌓고 살던 친구들에게 내일모레면 환갑인 나이에 처음으로 주식을 매수했다는 전화를 받기도 했다. 지하철에서도 주식투자에 관한 대화를 나누는 사람들의 모습을 흔하게 접할 수 있다. 삼삼오오 모여 있는 카페에서도, 점심시간에 식사를 하며 주식투자에 대한 이야기를 나누는 사람들의 모습은 흔한 풍경이 되었다.

나는 하루에도 몇 번씩 주식투자 자문을 해 주겠다는 전화나 문자 메시지를 받고 있다. 증권회사 근무 32년 차인 나에게 뭘 그리 엄청난 수익을 안겨줄 종목을 주겠다는 건지 쓴웃음만 나올 뿐이다. 나는 아직도 주식투자가 겁나고 무섭던데 무슨 배짱으로 그렇게 자신 있게 종목추천을 해주겠다는 걸까?

피터린치의 <칵테일 파티> 이론이 생각나는 때다. 주가가 횡보하거나 하락 추세일 때는 펀드매니저라고 직업을 밝히고 이야기를 시도하면 모두 관심 없어 한다(1단계).

- 주가가 15%쯤 상승하면 펀드매니저에게 몇몇이 관심을 보이지만 주식투자에 대한 위험성이나 주식투자를 하지 말아

야 할 이유를 이야기하며 치과의사 주변에 사람들이 모여 충치 이야기를 한다(2단계).

- 30%쯤 상승하면 파티 참가자 대부분이 한두 종목의 주식을 보유하고 있고 펀드매니저에게 궁금한 것을 묻고 치과의사도 펀드매니저에게 질문한다(3단계).
- 상투권에 접어들면, 칵테일 파티 참석자들은 최소 5종목 이상을 보유하고 있고 심지어 치과의사도 펀드매니저에게 종목을 추천한다(4단계).

현명한 투자자는 1단계에서 투자를 한다. 1단계에는 칵테일파티에 모인 사람들이 펀드매니저를 그림자 취급하고 마음 맞는 사람들끼리 모여서 대화를 한다. 주식 관련 이야기는 듣기도 싫어한다. 이때는 주식시장이 바닥권에서 횡보하거나 조정을 받는 시기이다. 이때가 바로 주식의 매수 적기일 때이고, 너도나도 주식투자에 있어 전문가 흉내를 내는 시기에는 팔고 떠나라는 이야기다. "구두닦이

마저 주식 이야기를 할 때는 팔고 떠나라"라던 케네디 대통령 아버지의 일화도 이와 같은 맥락의 이야기다.

"요즘 모든 사람이 주식, 부동산, 비트코인 전문가가 돼서 저도 훈수를 받고 있습니다."

1억으로 156억 원을 만들었다는 한국의 전설적 투자자이신 모 자산운용사 회장님의 인터뷰이다. 투자에 관한 한 그분보다 더 뛰어나기도 어려울 텐데 그런 분에게 훈수를 두고 싶어 하는 사람이 있는 시기가 바로 지금이다.

2020년 코로나 사태가 터지고 비행기가 뜨지 못하는 사상 초유의 사태가 벌어졌다. 한해 1천만 명이 넘는 관광객이 몰렸던 하와이는 특급호텔인 하야트, 힐튼, 쉐라톤, 메리어트, 할레쿨라니 등이 1년 가까이 문을 닫았다. 관광객들이 찾지 않으니 영업을 못 하는 상황이 2020년 내내 이어진 것이다.

와이키키(Waikiki) 지역의 부동산은 헐값에 내놓아도 팔리지 않았다. 매물만 쌓이는 상황이 2021년 3월까지 이어졌다. 하와이 부동산에 대해 모두가 "No"라고 말하고 있던 때다. 나에게는 20년 전부터 꿈꾸던 '하와이에 내 별장 갖기'의 꿈을 이룰 최적의 기회가 온 것이다. 이때가 투자의 최적기이니 "Yes"라고 외치며 하와이 부동산을 구매한 것이다.

"해외를 다녀오면 2주간 자가격리를 해야 하는 시절에 해외부동산 투자가 말이 돼?"

말이 된다. 적은 돈도 아니고 싸다고 해도 억대의 돈이 움직이는 일인데 현지에 적어도 몇 번은 가보고 사야 하는 거 아냐? 아니다. 현지에 한 번도 가보지 않고도 얼마든지 하와이 부동산 구매가 가능하다. 인터넷으로 매물을 고르고 계약서도 인터넷에서 클릭 몇 번이면 계약이 이루어진다. 한국에서는 2006년 이후 해외부동산 투자가 전면 자유화되었으니 법적으로도 문제 되지 않는다.

부동산업자가 보내주는 계약서와 감정평가서를 가지고 은행에 가서 계약금과 잔금을 송금하면 에스크로(Escrow) 회사에서 명의 이전까지 알아서 다 처리해준다. 그러니 하와이를 직접 방문하지 않고 한국에 가만히 앉아서 부동산 구매도 가능하고 미국 은행 통장 개설도 가능하다. 코로나 사태 이후 비대면으로 가능해진 일이 많아진 것이다.

하와이 부동산을 구매하면 광화문에 있는 미국대사관에 가서 공증을 받아 서류를 에스크로 회사로 보내야 했지만, 지금은 줌(Zoom)으로 화상 공증이 가능하다. 공증을 위해 미국대사관까지 가지 않아도 된다. 심지어 매도자에게만 공증을 받고 구매자 공증은 필요하지 않은 경우도 있다.

하와이 부동산은 비싸지 않냐고? 아니다. 서울의 아파트가 훨씬 비싸다. 2~3억 원대로 하와이 별장 갖기가 가능하다고? 그런데 그게 수익성 부동산이기까지 하다면? 하와이 부동산은 자산버블이 진행되는 과정에서 그 버블과정에 올라타 그 수익을 같이 향유하고 그 후에 혹시나 오게 될 버블붕괴 과정에서 피난처로써도 훌륭한 역할을 하게 될 것이다.

게다가 서울의 아파트처럼 20~30억 단위도 아니다. 2~3억 원대로 하와이 수익성 부동산 투자가 가능하다. 구매과정도 복잡하지 않다. 하와이까지 가지 않고 한국에서도 부동산구매가 얼마든지 가능하다.

하와이는 호텔비가 너무 비싸 여행 한번 가기 겁날 정도인 곳이다. 머물 수 있는 곳이 생기고 비어 있을 때는 관리비 이상의 수익이 생기게 할 수 있는 부동산이 하와이에 있다면? 하와이에 부동산 투자로 부동산 서학 개미가 되어보고자 한다면? 서울은 이미 부동산 구매단위가 너무 커져서 엄두가 나지 않는 사람이라면?

'서울 30평대 아파트는 한 채 보통 20~30억 원인데 2~3억 원대 하와이 부동산은 껌값이지' 하면서 이 책 읽기를 마칠 때쯤이면 벌써 하나쯤 갖고 있게 될 수도 있다.

2021년 8월 민 경 철

Part 1. 재테크 준비편

무엇을 위한 재테크인가?

워라벨, 파이어족을 꿈꾸는 이를 위하여

1. 꿈은 이루어진다

이런 사람이 하와이에 별장을 가질 수 있다.

2002년, 나는 처음으로 하와이를 다녀왔다. 그 여행 이후 내내 난 하와이에 푹 빠지게 되었다. 하와이가 너무 좋았다.

“하와이는 999국이다. 천국 바로 아래 동네니까….” 라는 여행 프로모션 문구를 접하고 떠난 여행이었다.

하와이는 이보다 더 적절한 표현이 있을 수 없다는 생각이 들게 만드는 곳이었다. 그동안 다녀 본 그 어떤 여행지도 이런 표현으로 소개한 곳은 없었고 실제로 천국 바로 아랫동네 같다는 느낌을 받은 여행지는 더군다나 없었다.

2002년에 하와이 여행을 다녀온 후 매년 나의 <꿈 목록>에는 ‘하와이에 부동산 갖기’가 빠진 적이 없었다. “꿈은 잘 꾸라”라고 했다. 왜? 이루어지는 속성이 있으니까!

내가 하와이에 부동산을 갖게 된 것은 돈이 많아서가 아니다. 증권회사에 묵묵히 다닌 것도 주식투자를 재능 있게 잘해서가 아니다. 그것은 순전히 '하와이에 부동산 갖기'라는 나의 꿈이 있었기 때문에 가능했다.

20년 전인 2002년 당시만 해도 해외부동산 투자가 자유롭지 못한 시기였다. 해외부동산 투자가 금액 제한 없이 전면 자유화된 것은 2006년 이후이다. 2002년은 그만큼 해외부동산 투자에 있어 금액이나 제도상의 제약이 많았던 때였다. 그러나 그런 것은 염두에 두지 않았다. 원래 꿈이라는 것은 그렇게 적는 것이다.

돈이 없다며 내 꿈을 디스카운트해서도 안된다. '내 직업상 그런 수입이 생길 수도 없는데...' 하면서 꿈을 디스카운트하여 적으면 안 된다. 꿈을 적을 때는 '돈에 구애 받지 않고' 라는 전제하에 적어야 하는 것이다.

1. 내가 갖고 싶은 것
2. 내가 가고 싶은 곳
3. 내가 되고 싶은 사람의 모습

꿈은 이렇게 세 가지로 나누어 돈과 상관없이 원하는 것을 모두 적는 것이다. 그 꿈은 늘 머릿속에 있다가 누군가 내 꿈을 물어보면 3초 이내 나올 수 있는 꿈일수록 빨리 이루어진다. 그 꿈은 절실한 꿈이기에 그렇다.

'내가 가고 싶은 곳'에 대한 꿈은 20년 전부터 적어왔던 여행지 중

1곳만 빼고 모두 이루어졌다. 하와이는 2002년 첫 번째 여행 이후 15번이나 다녀왔고, 전 세계 50개국 정도 여행을 했다. 적어 두었던 여행지 중 딱 한 곳 요르단의 페트라만 빼고는 모두 다녀오게 되는 경험을 했다.

"적어 두는 꿈은 이루어진다."

꿈을 적을 때 시한까지 정해 적어 두면 더 빨리 이루어진다. 가령 '5년 이내에 와이키키에 내 소유의 빌딩 갖기'라고 시한까지 적어 두면 그 시한 내에 이루어질 가능성이 크다. 어떻게 이룰까? 그런 부분은 생각하지 말아야 한다. 우주의 에너지가 도와서라도 그 꿈을 이루게 해 줄 테니 큰 꿈, 구체적인 꿈, 간절한 꿈을 갖는 것이 중요하다.

그 꿈을 시각화하는 것도 중요하다. 코르크보드 하나 사다가 갖고 싶은 집, 갖고 싶은 차, 가고 싶은 여행지의 사진을 붙여 시각화하면 된다. 꿈을 시각화해 놓으면 잠재의식에서도 작용이 되어 꿈을 이루게 해 준다.

하와이 부동산에 대해서는 20년 전부터 코르크보드에 와이키키 비치 사진과 하와이 부자마을인 카할라 마을의 멋진 집들 사진을 붙여 두고 있었다. 예를 들자면 "현금은 100억 정도 갖기", "하와이 최고 부자마을인 카할라 마을에 공터 사서 궁전 같은 집 짓기", "와이키키 비치가 정면으로 보이는 빌딩 갖기", "차는 이런 차 갖기", "배에 식스팩 만들어 와이키키 비치 거닐기" 등. 꿈은 사진으로 시각화해야 더 선명해진다.

'가고 싶은 곳의 꿈 목록이었던 여행지에 대한 사진들도 많이 있었지만, 그동안 꿈꾸었던 여행지들은 이미 다녀왔기 때문에 코르크보드에서 떼어내었다. 그런데 어떤 모습의 사람으로 살고 싶은가에 대해서는 포스트잇에 적어 붙여 두었다. 사진들은 몇 장씩 바뀌었지만 20여 년 전부터 늘 이렇게 있었던 코르크보드다.

이 글을 읽는 분 중 '하와이에 부동산 갖기'라는 꿈을 가진 사람이 있다면 '어떻게'에 대해서는 생각하지 말고 꿈부터 적고 시각화해 놓으면 그 꿈은 언젠가 이루어질 것임을 굳게 믿고 시도해 보기 바란다.

실소를 금치 못하게 하는 유머가 한때 유행한 적이 있다. "코끼리를 냉장고에 집어넣는 법" 알아? 코끼리를 냉장고에 어떻게 넣지?

1. 냉장고 문을 연다.
2. 코끼리를 냉장고에 넣는다.
3. 냉장고 문을 닫는다.

우리는 각자의 좁은 시각으로만 세상을 보고 이해하며 산다. 그래서 코끼리를 냉장고에 넣는 방법을 아느냐는 질문을 받게 되면 지금까지 봐왔던 크기의 냉장고만 떠올린다. 아니면 이거 '넌센스 퀴즈인가?' 라는 생각을 하고 엉뚱한 상상의 나래를 펼쳐본다.

우리는 고정관념을 가지고 있다. 냉장고 하면 가정용 크기의 냉장고를 떠올린다. 허무하기까지 한 이 유머의 키는 사람들이 갖고 있는 고정관념을 터치하는 방식이다. 질문자는 코끼리가 들어갈 만한 크기의 산업용 냉장고도 있으니 거기에 코끼리를 넣겠다는 건데 말이다.

하와이에 부동산을 살 수 있는 방법 알아?

1. 한국에 앉아서 인터넷으로 매물을 고른다.
2. 하와이의 부동산 에이전트를 통해 구매계약을 한다.
3. 은행에 가서 에스크로 계좌에 계약금과 잔금을 송금한다.

이렇게 생각하면 하와이에 부동산을 가질 수 있다. 하와이에 부동산을 갖겠다는 꿈을 가지면 방법에 대해서는 먼저 구매해본 사람들이 다 알려준다. 이런 책 한 권만 읽어보면 좋은 매물을 고르는 방법, 하와이에 가지 않고도 부동산을 구매할 수 있는 방법, 송금을 수월하게 하는 방법, 구매 후 관리를 맡기는 방법까지 일일이 다 알려준다.

하와이는 유명연예인이나 재벌들만 살 수 있는 곳이 아니다. 평범한 사람들도 얼마든지 가능하다. 게다가 수익성도 안정적인 부동산이 있다. 하와이에 부동산을 사려고 하면 이런 궁금증들이 생긴다.

- 돈이 많이 들겠지?
- 법적인 문제는 없을까?
- 관리비는 비싸지 않을까?
- 영어도 못 하는데 혹시 문제라도 생기면 어쩌지?

우리가 그동안 신문이나 인터넷상에서 본 하와이 부동산 이야기는 재벌이나 유명 연예인들이 고가의 호화로운 부동산을 매수했다는 기사들뿐이었다. 그런 기사들 때문에 우리는 어느새 하와이 부동산에 대한 고정관념을 갖게 되었다. 평범한 사람들이 접근하기 어려운 '그림의 떡' 같은 부동산. 하지만 잘 찾아보면 평범한 사람들도 쉽게 투자할 수 있는 하와이 부동산이 있다.

우선 하와이 부동산을 갖고 싶다면 그동안 갖고 있던 모든 부정적인 생각부터 지워야 한다. 하와이에 부동산을 갖고 싶다면 냉장고에 코끼리를 넣는 방법처럼 단순하게 그렇게 하와이에 부동산을 구매하는 거라고 생각하면 된다. 코끼리를 냉장고에 넣는 방법이 특별하지 않듯 하와이 부동산을 구매하는데 특별한 방법이 있지 않다. 목돈, 세금, 영어 등의 복잡한 단어들을 머릿속에서 일단 지우면 가능해진다.

하와이 부동산 구매는 평생 쓰고도 남는 돈을 가진 사람들이나 구매하는 곳이 절대 아니다. '소확행(小確幸) 부동산'도 얼마든지 있다. 작지만 확실한 행복을 가져다주는 부동산. 큰 금액이 아니어도 만족감을 줄 수 있는 부동산. 한국과는 비교도 안 되게 비싼 세금과 관리비를 월 수익으로 상쇄해줄 수 있는 부동산이 있다.

하와이에 부동산을 갖고 싶다면, 흰 백지 한 장을 꺼내 놓고 '5년 이내에 하와이에 내 별장 갖기'라고 쓰면 된다. 그리고 늘 간절히 소망하면 어느덧 하와이 부동산을 가진 사람이 된다.

증권회사에 몸담고 있는 사람이 하와이 부동산을 매수하는 방법을 이야기하니 '단기에 대박 날 종목 하나 추천해줘서 하와이 부동산을 살 수 있게 해주려나?' 하는 기대를 가질 수 있다. 그렇게 해서 대박이 나면 좋겠지만 반대로 주식투자는 쪽박도 날 수 있으니 확실한 방법이라 할 수 없다. 소확행의 부동산이라면 허리띠를 졸라매는 것만으로도 가능하다.

지금 하와이 부동산을 살 수 있는 돈이 충분하지 않다면 돈을 마련하는 방법에 대한 것은 떠올리지 않아도 된다. 그저 갖고 싶다는 간절한 소망을 가지는 것부터 시작하면 된다.

2002년에 첫 하와이 여행 후 가진 '하와이에 내 부동산 갖기'라는 나의 꿈이 20년 만에 이루어졌다. 코로나 사태로 관광객들의 발길이 끊어지자 2020년부터 2021년 초에 하와이 부동산 가격이 급락했다. 20년 전부터 하와이에 부동산을 갖고 싶다는 꿈을 갖고 있던 사람에게는 절호의 기회가 아닐 수 없었다. 주식도 이럴 때 매수해야 좋은 결과가 나오지 않던가? 아무 때나 시도 때도 없이 대박 종목을 매수하고 싶다고 해서 대박을 칠 수 있는 것이 아니다. 그런 생각은 '꿈'이 아니라 '욕망'일 뿐이다.

주가가 급락했을 때는 특별히 대박 날 종목을 찾지 않고 투자해도 큰 투자수익을 얻을 수 있다. '주식'이 아니라 바로 '때'를 사기 때문이다. 부동산가격이 코로나 사태로 인해 급락했다면 부동산 전문가가 아니라도 어렵지 않게 대박의 기회를 가질 수 있다. 그 또한 '부동산'이 아닌 '때'를 사는 투자이기 때문이다.

꿈이 없었다면, 라이트 형제가 비행기를 만들지도, 포드가 자동차를 만들지도, 에디슨이 전구로 세상을 밝히지도 못했을 것이다. 그렇듯 하와이에 부동산을 갖고 싶다는 꿈이 있었기 때문에 부동산 시장이 급락할 때 기회를 잡을 수 있는 것이다. 그런 꿈을 갖고 있지 않은 사람에게는 코로나 사태로 하와이 부동산이 급락했더라도 그저 남의 이야기로 보일 뿐이다. 하와이에 부동산을 갖고 싶다는 꿈이 있었기에 가격의 '급락'이 '기회'로 보인 것이다. 하와이에 부동산을 갖고 싶은 사람이 제일 먼저 해야 할 일은 '하와이에 부동산 갖기'라는 꿈을 갖는 일이다.

"결국 꿈을 가진 사람이 하와이에 부동산을 가질 수 있다."

꿈을 시각화해 놓으면
잠재의식에서도 작용이되어
꿈을 이루게 해준다.

2. 급변하는 시대의 재테크

"우리가 가진 시간에는 한계가 있고 우리가 열심히 일하는 데도 한계가 있다. 그런데 왜 돈을 위해 열심히 일하는 거니? 네가 돈을 위해 일하는 것이 아니라, 무엇보다 돈과 사람들이 너를 위해 열심히 일하게 만드는 법을 배워야 한다. 그러면 너는 중요한 것들을 자유롭게 할 수 있다"

- <부자아빠 가난한 아빠2> p32 -

IMF시절 세계적인 베스트셀러가 된 <부자아빠 가난한 아빠>의 2편에 나오는 내용이다. 이 책에서 그는 "자산을 사는 것은 위험한 일이 아니다"라고 했다. 20년이 흐른 지금 서울의 아파트값만 봐도 그 말은 맞아떨어진다.

저자 로버트 기요사키의 말대로 직장은 더이상 <안전하고 안정적인> 곳이 아니다. 회사는 필요하지 않은 잉여인력을 어떻게든 줄일 궁리를 하고 있다. 대기업에서조차 공채가 사라지고 필요 인원만 수시 채용하는 형편이다. 이제 일자리를 구하고 싶어도 기회가 많지 않다. 대기업 취직은 하늘의 별 따기만큼이나 어려워졌다. 원하든 원하지 않든 반강제적으로 사업가나 투자자가 될 수밖에 없는 시대가 된 것이다. 지금의 젊은이들이 허황된 욕심이 있어서 투자에 나서고 있다고 보지 않는다. <영끌투자>라는 말을 탄생시키며 투자에 열광하고 있는 것은 그렇게 하도록 내몰린 사회현상 때문이다.

평생직장이 없다는 것이 IMF에 이어 코로나 사태를 겪으며 다시 한번 확인되었다. 재택근무를 시켜보니 회사가 돌아가는데 그렇게 많은 인원이 필요하지 않다는 것도, 쓸모없이 봉급만 축내는 사람이 누구인지도 알게 된 것이다. 그러니 앞으로 일자리는 더 줄어들 것이고 신규채용도 적으리라는 것을 의미한다.

로버트 기요사키가 말하는 사분면 중 안정적인 영역인 봉급생활자의 자리는 이제 갖고 싶어도 갖기 힘들어진 시대가 된 것이다. 원하지 않았지만, 오른쪽 사분면인 사업가나 투자가가 되는 것이 이제 자연스러운 일이 되었다.

"직장인의 삶은 망망대해 불이 붙은 유조선에 올라타 있는 모습과 같다"라는 말이 IMF 시절부터 있었다. 그 직후만 해도 다들 믿고 싶지 않던 말이었다. 그러나 코로나 사태를 겪으면서 이제는 확실해졌다. 그러니 타고 있는 불 붙은 유조선에서 뛰어내리든가 아니면 미리 구명보트를 준비해야만 살 수 있다. 직장 주의에 빠져 단춧구멍 만한 크기의 시각으로 세상을 바라보면 세상이 어떻게 돌아가는지 몰라 벼락 거지가 되거나 어느 날 갑자기 세상 밖으로 내몰릴 위기에 처하게 될지 알 수 없다.

요즘 젊은이들은 현명하다. 정보화시대에 태어난 인류답게 한발 빠르게 세상 돌아가는 이치를 이미 깨우치고 있다. “영끌해서 부동산 투자하기”, “국내 주식을 넘어 해외주식 투자”에 이르기까지 이미 투자자의 영역으로 넘어선 상태이다. 투자자의 길로 들어섰다면 자산가가 되어 돈으로부터 자유로운 인생을 살아야 한다. 시간도 없고 돈도 없는 직장인으로 “일만 하다 가는 인생”이 되지 않으려면 부단히 연구하고 노력해야 한다.

투자는 그 자체가 목적이어서는 안 된다. 그것은 ‘수단’이지 ‘목적’이 될 수 없다. 현명한 투자자가 되어 투자 자산으로부터 나오는 부가가치를 통해 내가 갖고 싶은 것을 갖고, 내가 가고 싶은 곳을 여행하고, 내가 되고 싶은 사람의 모습으로 살기 위한 ‘수단’이어야 한다. 그 자체가 ‘목적’이어서는 곤란하다.

재테크의 분야는 다양하다. 그러나 복잡한 영역까지 넓힐 일은 아니다. 잘 알아도 돈을 벌기 어려운데 잘 모르는 영역인데다 원금 손실의 위험마저 있는 곳에서는 좋은 투자성과를 내기 어렵다.

투자의 영역이 다양한 만큼 참여하는 사람의 상황도 다양하다. 아직 사회 초년생이라 종잣돈부터 모아야 하는 사람도 있고, 여윳돈을 가지고 어디에 투자하면 좋을까 모색하는 사람도 있다. 레버리지(개인이나 기업이 차입금등 타인의 자본을 지렛대처럼 이용하여 자기 자본의 이익률을 높임)를 일으켜 단기에 크게 벌려는 사람도 있고, 적게 벌더라도 위험은 피하고 안정적인 투자를 원하는 사람도 있다. 이들에게 모두 같은 재테크 방법이 통용될 수는 없다. 현재 자신이 처해있는 상황에 맞게 재테크를 구사해야 한다.

사회초년생에게 재테크는 자신의 몸값을 높이는 일이다. 취직이 안 되니 투자자나 되어야겠다고 해서 바로 투자를 시작할 수는 없는 일이다. 사회초년생으로 재테크를 시작하고 싶다면 종잣돈부터 모아야 한다. 종잣돈을 모으는 과정에서 절약은 필수 불가결한 요소이다. 수입은 일정하니 지출을 줄이는 것이 종잣돈 모으는 속도를 결정할 것이다. 허리띠를 허리가 잘리기 직전까지 졸라매야 빠른 시일 내에 종잣돈을 모을 수 있다. 젊은 시절에는 그래도 흉하지 않다. 더 나은 미래가 있기 때문이다.

종잣돈을 모으는 일 못지않게 중요한 것은 재테크 공부다. 종잣돈이 모아지는 순간 저절로 재테크가 되는 게 아니다. 잘 모르고 하는 재테크는 눈 뜨고 있어도 코를 베이게 된다. 투자의 영역은 그렇다.

공부도 하지 않고 어쩌다 투자했는데 대박이 났다고? 그런 돈은 실력으로 번 돈이 아니기에 지켜지지 않는다. 조심 또 조심에 돌다리가 부스러질 정도로 두드리며 건너도 물에 빠지는 일이 투자의 세계에서는 비일비재하게 일어난다. 그러니 철저하게 공부해가며 재테크를 해야 한다. 그래야 어렵게 모은 종잣돈을 지켜낼 수 있고 나아가 자산가가 될 수 있다.

재테크 중 주식 투자의 영역에서 한 시대를 풍미했던 사람들이 있었다. '있었다'라는 과거형을 쓴 이유는 지금은 아니기 때문이다.

1세대 투자자로 <광화문 곰>, <백 할머니>라는 분들이 이름을 올렸고, 2세대 투자자로 선물 옵션 초창기 시절에는 <압구정동 미꾸라지>와 <목포 세발낚지> 라는 닉네임으로 한 시대를 굵직하게 풍미했던 사람들이 있었다. 1세대와 2세대 분들은 전설 속으로 사라져 지금까지 지속적으로 슈퍼 투자자(한 기업의 주식을 많이 보유하여 대주주 지분 요건을 갖춰 주주명부에 기업 소유주인 대주주에 이어 2대 주주 또는 3대 주주로 지분율이 있는 투자자 즉 증권거래소 공시를 통해 주주명부에 지분율을 신고해야 할 정도로 지분을 가진 큰 자금 규모의 투자자를 말함)로 이름을 올리지 못하고 잊혀진 투자자가 되었다. 급변하는 시대의 적응에 실패한 것이다.

3세대에 걸출한 투자자로 이름을 올린 분으로는 <주식농부> 박영옥씨와 카이스트 K교수님을 꼽고 싶다(전업투자자분들 중에서도 이미 슈퍼 투자자가 되어 있는 <슈퍼케이> 김정환씨나 배진한씨, 세무사 이정윤씨 같은 분들도 배울 점이 있는 분들이다). 바로 이 3세대 투자자분들은 수년 전 이미 걸출하게 성과를 낸 이후 지금까지 건재한 분들이기에 우리네 같은 개미투자자들이 배울 점이 많다.

<주식농부> 박영옥씨는 증권회사 출신으로 20억 정도의 원금으로 전업투자를 시작하여 2천억 원대의 투자자가 되어 있으시다. 이 분이 2대주주로 있는 주식의 지분율과 그에 따른 평가금액을 주기적으로 체크해보며 투자에 참고하고 있다. 주식투자자로서 좋아하는 <주식농부> 박영옥씨의 이야기는 다음 기회에 다뤄 보기로 하고, 주린이('주식'과 '어린이' 두 단어의 합성어. 주식을 알게 된 지 얼마 지나지

않은 사람을 뜻함) 또는 주식투자를 하고 있지만, 성과가 별로인 분들에게 카이스트 K교수님의 이야기를 해보고자 한다.

K교수님이 자신의 본명을 쓰지 않는 이유는 몇 해 전까지만 해도 2대 주주로 이름을 올리고 있던 주식들이 있었는데 이런 이슈들로 주목받는 것이 불편해지신 것 같다. 그래서 어느 순간부터 나타나지 않는 투자자로 남고 싶어지신 것 같다는 생각이 든다. 이분은 카이스트 교수로 재직하면서 여윳돈 5억 원 정도로 주식투자를 시작하여 500억 원대까지 만들어 낸 분이시다.

"직업이 교수이긴 하나 자신의 전공 분야만 잘 알고 있을 뿐, 주식투자는 잘 모르는 영역이니 먼저 잘 알고 주식투자를 시작해야 한다"라는 생각에서 주식투자 관련 책을 300권이나 읽고 주식투자를 시작했다는 분이시다. 그러니 5억 원의 원금으로 500억 원을 만들어낼 자격이 충분한 분이란 생각이 든다. "세상에 공짜 점심은 없다"라는 월가의 격언을 몸소 실천한 분이다. 주식투자로 500억 원을 만들었던 시기가 지금부터 몇 해 전 이야기이니 지금처럼 주가지수가 3,000포인트를 넘어서 있는 국면에서는 더 큰 금액이 되어 있을 것이다.

요즘 주식투자를 시작하고 있는 분들은 과연 주식투자에 관련된 책을 몇 권이나 읽고 주식투자를 하고 있는지 묻고 싶다. 사람들은 주식투자를 너무 쉽게 생각하고 시작한다. 주식투자 관련 책을 최소 몇십 권쯤 읽어야 투자 가능하다는 제한이 있는 것이 아니다. 그러다 보니 누구나 쉽게 증권계좌를 개설하여 투자를 시작한다. 주식투자를 그저 가벼운 게임 같은 것으로 생각하며 시작한다. 대부분의 투자자들 주식 투자성과가 좋지 않은 이유가 바로 여기에 있다.

많은 공부 후에 준비를 철저히 하고 주식투자를 시작하신 카이스트 K교수님 같은 분도 있지만, 그런 과정이 없이 운에 맡긴 채 도박하듯 불나방처럼 좌충우돌 투자하는 사람들도 많다. 이처럼 투자자 특성과 여건은 각자 다르더라도 경제변수는 동일한 상황 하에 있다. 금리, 환율, 양적 완화에 대한 정부 정책, 인플레이션, 테이퍼링(Tapering : 경기침체기에 경기회복을 위하여 썼던 각종 완화정책과 과잉 공급된 유동성을 경제에 큰 부담작용이 생기지 않도록 서서히 거두어들이는 전략) 등등의 변수들이 그것이다. 자산의 가격에 영향을 미치는 변수들이야 널려 있지만, 경제학적 용어와 수치에 대한 이해는 없더라도 재테크를 하려면 최소한 재테크에 영향을 끼치는 변수들에 대한 것은 공부되어 있어야 한다. 주식투자를 어릴 적 친구들과 어울려 했던 홀짝 게임 같은 것이라 생각하고 시작해서는 곤란하다. 그런 돈은 주식시장에 나오자마자 눈먼 돈이 되기에 십상이다.

좋은 성적표를 가지려면 좋은 성적표를 받아 든 사람의 방법을 따라 해야 한다. 그런데도 투자성적이 좋지 않은 사람들은 늘 똑같은 변명을 한다. 투자하는 돈을 다 잃을 때까지 본인의 투자방식에 무엇이 문제인지를 깨닫지 못한다.

"투자금액이 적어 빨리 벌어야 하고, 그래서 레버리지도 써야 하고 단기 급등할 종목에서 승부를 봐야 하고, 이러이러한 종목들은 큰돈 있는 사람들이나 하는 것이고 등등…" 이 말이 "나는 가난해지기로 했고, 그런 방법대로 투자하기로 작정했어!"라는 말로 들린다. "주식투자에 지름길은 없다.", "단돈 백만 원이 있어도 백억 원 가진 사람처럼 투자하라"라는 주식투자 격언이 있다. 코스피 지수가 100% 넘게 오른 과정에서 투자를 한 후 유튜브에 나와서 "나 얼마 벌었네" "이런 종목 대박 납니다." 이런 류의 내용으로 이야기하는 사람들의 말도 참고할 게 있겠지만…. 번 돈을 지켜가며 자산가로 매년 꾸준하게 이름을 올리고 있는 박영옥씨나 K교수님 같은 분들의 방법을 우리는 배워야 한다. 곳곳에 위험이 도사리고 있는 재테크의 영역은 지뢰밭을 걷는 것과 같다.

얼마 전에도 사회를 떠들썩하게 만든 라임, 옵티머스와 같은 금융사고 사건이 있었다. 어마어마한 투자금들이 연기처럼 사라져 여기에 투자한 투자자들이 원금손실을 입게 된 사건이다. 재테크 분야는 이렇게 곳곳에 위험이 도사리고 있다. 지뢰를 밟지 않고 지뢰밭을 건널 수 있는 방법은 앞서 지뢰밭을 건너는 데 성공한 사람의 발자국을 따라 밟으며 건너는 것이다. 특별한 지름길이 있다고 착각하지 말라.

지난 32년간을 돌아보면 뭘 좀 안다며 교만해지려는 마음이 생길라치면 바로 겸손해지게 만들어 주는 일이 주기적으로 반복되었던 것 같다. 그런 시행착오를 덜 거치기 위해 우리는 겸손한 마음으로 투자의 길에서 이미 성공한 분들의 발걸음을 따라가야 성공할 수 있다.

3. 금리, 환율, 정부정책에 따른 재테크

미국은 현재 매달 1,200억 달러씩 시중에 돈을 풀고 있다. 한화로 환산하면 136조 원에 달하는 큰 금액이다. 한국의 한 해 살림 예산이 대략 550조 원인 점을 감안한다면 매달 136조 원이라는 돈의 규모가 얼마나 큰 것인지 짐작할 수 있을 것이다. 9월까지 일 인당 매달 1,600달러의 재난지원금이 내정되어있는 데다가 실업수당 1,400달러까지 더하면 3,000달러에 달라는 돈을 지원하고 있다. 실업자에게 우리 돈 약 350만 원을 매달 지급해주고 있는 것이다.

한국도 마찬가지다. 현재 4차까지 재난지원금이 지급되었고, 5차 재난지원금도 곧 법안이 통과되면 기준을 정해 지급될 예정이다. 이렇게 시중에 돈이 풀리면 자산시장에는 어떤 일이 벌어질까?

1차 재난지원금 지원 때 보면 전 국민 대상으로 4인 가족 기준으로 100만 원이 지급되었다. 이 돈으로 우리는 무엇을 할 수 있을까? 이 정도 규모의 돈으로는 한 가정의 경제문제를 근본적으로 해결해줄 수는 없으니 이 돈은 자산시장으로 몰릴 수밖에 없다. 돈이 몰리니 주식, 부동산과 같은 자산의 가격이 상승한다.

코로나 사태 이후 주가가 상승하면서 주식투자를 위해 들어와 있는 고객예탁금이 70조 내외로 꾸준하게 유지되고 있다. 이 글을 쓰고 있는 2021년 6월말 현재까지도 고객예탁금은 67조 원에 달하고 있다. 이제껏 주식시장 안에 있으면서 이런 고객예탁금의 규모를 본 적이 없다. 그동안 고객예탁금은 보통 15조에서 20조 사이를 오르내리며 유지하고 있었다. 시중에 돈이 풀리고 저금리 기조가 이어지니 자연스럽게 자산시장으로 돈이 몰린 것이다. 돈이 몰리니 대표적 자산인 주식과 부동산의 가격상승으로 이어졌다. 이 상태가 지속되면 자산버블이 된다.

실제로 2008년 금융위기 이후 수년간 돈을 풀어 이미 자산에 버블이 진행되고 있었고 긴축을 통해 시중의 돈을 회수하려던 즈음 코로나 사태로 그때보다 훨씬 더 많은 돈을 푸는 과정에서 자산시장에는 더 큰 버블이 생겼다. 자산가격이 상승하면 물가도 따라 오른다. 이런 시절의 재테크는 적극적으로 자산시장에 참여해 있어야 한다.

가격상승이 경제에 미치는 영향이 커지면 적당한 정도의 물가상승만을 용인하려 정부는 촉각을 곤두세우게 된다. 그래서 나오는 말이 테이퍼링이다. 테이퍼링은 돈을 시중에 푸는 것을 줄여서 풀겠다는 말이지 풀린 돈을 바로 회수하겠다는 말이 아니다.

전후 독일이나 1980~1990년대 브라질에서 양적완화가 물가상승에 어떤 영향을 끼쳤는지를 잘 알고 있기에 정부는 양적완화를 실물경제가 회복되는 추이를 봐가면서 조절을 하겠다는 것이 테이퍼링이다. 미국이 테이퍼링과 금리 인상을 하면 국제투자자들은 자산을 매각하게 되고 신흥국에서 달러 자금이 빠져나가 일부 국가의 경우 외환위기에 빠질 가능성이 있다. 이런 피해가 있기에 러시아가 선제적으로 금리 인상을 했고 그외 터키, 아르헨티나, 인도, 베트남, 말레이지아 등의 국가들이 금리 인상을 하거나 준비하고 있는 중이다. 선제적으로 금리를 인상해야 달러가 빠져나가지 않기 때문이다.

2008년 금융위기를 지나면서 양적완화를 해 나가고 있을 때 벤 버냉키 미 중앙은행 의장이 2013년 5월에 갑자기 테이퍼링을 언급하는 바람에 준비를 하지 못했던 신흥국들의 자산시장이 크게 출렁거린 적이 있다. 한국도 2013년 5월, 2,001포인트로 마감했던 코스피 지수가 벤 버냉키의 테이퍼링 이야기가 나온 후 2013년 6월에 200포인트 넘게 하락하며 장중 1,770포인트까지 내려가면서 큰 영향을 받은 적이 있다. 이때의 경험이 바탕이 되어 미리미리 준비하게 하기 위해 미국 연준(Fed)은 언론을 통해 테이퍼링의 이야기를 흘리고 있는 상황이다. 이런 시대에 과거의 패러다임으로 재테크를 해서는 곤란하다. 저금리 상태가 지속되고 양적완화가 계속 이어지면 적극적으로 자산시장에 참여하고 있어야 한다. 과거의 패러다임으로 이런 변화의 시대에 대처하면 곤란하다. 이런 양적 완화의 시기에는 재테크시 대출을 일으켜 자산에 투자하면 깡통을 찬다며 망설이면 안 된다. 그것은 금리도 높고 디플레이션으로 자산 가치가 하락하는 시기에나 맞는 개념이다.

1998년 IMF 구제금융 시절이나 2008년 금융위기 시절에는 부동산도 대폭락을 했다. 금리는 높았고 경기침체로 인해 부동산 경기가 언제쯤 살아날지 아무도 가늠할 수 없는 시기를 한참 동안 거쳐야 했다. 이런 시기에 빚을 내어 투자한 사람은 큰 손실을 봤다.

그러나 지금처럼 저금리 상태가 이어지고 시중에 돈이 큰 규모로 풀리는 시기에는 실물자산에 투자가 되어 있어야 한다. 이런 시기에 투자자들은 은행에 돈을 예금하여 미래 쓰려고 하기보다는 지금 현재 쓰려는 생각이 강해진다. 현금의 가치가 하락하기 때문이다. 물가가 오르며 현금의 가치가 떨어지는 시기에는 현금보다는 실물자산에 투자되어 있어야 좋은 결과를 얻을 수 있다.

2020년~2021년에 걸쳐 한국의 주식시장과 부동산시장에서 가격이 급등한 것은 자산시장으로 돈이 몰렸기 때문이다. 현명한 투자자들은 이미 레버리지를 한껏 이용하여 투자를 한 것이다. 영혼까지 끌어모아 투자한다는 말 안에는 대출을 일으키고 돈을 빌릴 수 있다면 모든 수단과 방법을 동원하여 레버리지를 일으킨 다음 자산시장에 투자한다는 것을 말한다.

그들은 패러다임의 변화를 눈치챈 사람들이다. 그들은 '무모한 투자자'가 아니라 '현명한 투자자'였던 것이다. 금리는 초저금리고, 돈은 지속적으로 풀리고 있다는 것은 당분간 자산의 가격이 그리 쉽게 떨어지기 어렵다는 것을 의미한다.

돈이 계속 풀리고 있는 상황에서 현금을 가지고 있으면 돈의 가치가 떨어져 헐값이 되는 것은 불을 보듯 뻔한 일이다. 그 반면에 자산시장은 상대적으로 주목받을 수밖에 없다. 하지만 테이퍼링 이야기가 나오고, 많이 풀린 시중의 돈을 회수하려 정부가 긴축정책을 펴게 되면 주의해야 한다.

긴축정책의 핵심은 금리 인상이다. 금리가 인상되면 자산가격에는 최악이 된다. 그러니 촉각을 곤두세우게 되고 그에 따라 연방은행 의장의 한마디에 주식시장이 출렁이게 되는 것이다. 금리가 인상되기 시작하면 미리 들어간 현명한 투자자들은 자산을 매각할 것이다. 그러면 주식이나 부동산 가격이 하락하게 된다.

"정부정책에 맞서지 마라"라는 주식투자 격언이 있다. 정부가 시중의 돈을 회수하려 긴축정책을 쓰겠다는데 그런 시기에도 대박 날 주식만 찾고 있다면 곤란하다. 무리하게 대출을 일으켜 자산시장에 참여했다면 금리 인상으로 늘어나는 이자를 감당할 수준인지 점검해 봐야 한다, 고정금리로 대출이자를 갈아타는 방법을 미리 구사해 놓아야 낭패 보지 않게 된다. 더불어 주식 같은 위험자산의 비중을 축소하여 현금을 그때는 늘려야 한다. 그런 후 환율을 살펴봐야 한다.

지금은 해외주식도 투자에 제한이 없다. 해외주식을 투자하기 위해 해당 국가로 가서 증권계좌를 개설하는 게 아니다. 한국의 증권회사에서 해외주식을 투자할 수 있는 시스템이 모두 갖추어져 있어 개설된 증권계좌에서 해외주식투자를 신청한 후 투자하면 된다.

해외 부동산 투자도 마찬가지다. 인터넷으로 해외부동산 투자가 가능하다. 인도네시아, 말레이지아, 베트남 같은 국가들은 나라별 경쟁력이 떨어진다. 선진국들과는 돈 가치가 다르기에 부동산 시장을 전면 개방할 수는 없다. 그러니 땅은 구매할 수 없고 건물구매만 가능한 경우다. 땅은 50년 임대 같은 형태로 임대하여 사용하고 건물 매입만 가능한 형태이다. 임대 기간이 워낙 길기 때문에 토지가 임대 형태지만 구매개념이 많이 들어가는 느낌을 준다. 또한 외국인 투자 가능 부동산을 따로 정해 놓은 경우가 많다. 그러나 미국의 부동산은 땅도 매입이 가능하다. 아파트나 콘도텔을 매입하더라도 제한이 없다. 그러니 재테크의 영역을 굳이 한국 내로만 한정할 이유가 없어졌다. 환율의 추이도 많이 중요해 졌다.

4. 부동산 VS 금융자산의 적정비율

코로나 사태가 터지자 비행기가 멈췄다. 나라 간, 도시 간 이동마저도 봉쇄된 곳들이 있을 정도였다. 경제는 동맥경화 현상에 빠지기 시작했고 각국 정부들은 서둘러 돈을 풀기 시작했다. 양적완화정책을 편 것이다. 돈을 풀어서 경제를 돌게 만들려는 것이다. 돈을 푼다고 하면 규모가 어느 정도를 풀 것인지, 언제까지 풀 것인지를 투자자들은 주의 깊게 살펴봐야 한다. 테이퍼링이라는 말이 나올 때마다 주식시장이 출렁거리는 사실에 주목해야 한다.

금리를 인상하겠다는 말도 아니고 풀던 돈을 좀 줄여서 풀겠다는 것인데도 미국에서 테이퍼링 이야기가 나오면 주식시장이 곤두박질친다. 풀었던 돈을 거둬들이는 긴축정책은 주식시장이나 부동산 시장에 상당한 영향을 미칠 수밖에 없다.

코로나 사태 후 미국이 돈을 푼 규모는 2008년 금융위기 때 풀었던 돈의 6배다. 2008년도는 순전히 미국 내의 문제였는데 당시의 금융위기 때도 미국은 많은 돈을 풀었다. 그 여파는 전 세계적으로 번져 나갔고 한국도 그 상황에서 큰 영향을 받았다.

서브프라임 모기지론 사건으로 인해 미국의 리만브라더스라는 금융회사가 파산했다. 금융회사의 파산이 몰고 온 여파는 엄청났고, 무너지는 경제를 지탱하기 위해 미국 정부가 돈을 풀었던 것이다. 미국만의 문제였고, 당시 미국경제를 살리는 일이 급선무다 보니 미국은 다른 나라를 돌아볼 여유가 없었다. 2008년 이후 수년간 돈을 지속적으로 풀었고 그 과정에서 그리스, 스페인이 위기에 빠지기도 했고, 경기침체로 유가가 하락하자 러시아가 모라토리움을 선언하기도 했다.

이번 코로나 사태 때는 2008년 금융위기 때보다 6배 정도의 돈을 미국이 이미 풀었다. 6배가 풀렸다고…. 이 이야기를 흘려들으면 곤란하다. 이렇게 천문학적인 돈이 풀리면 돈값이 떨어지는 것은 불을 보듯 뻔하기 때문이다. 돈값이 떨어진다는 이야기는 현금을 가지고 있으면 돈값이 헐값이 된다는 뜻이다. 이런 시기에는 빨리 주식이나 부동산 등의 실물자산으로 돈을 옮겨 놓아야 한다. 물가가 오를 것은 불을 보듯 뻔한 일이기 때문이다. 오늘 100원에 살 수 있는 물건이 시간이 지나면서 물가가 올라 110원이나 120원으로 사야 하니 돈값이 떨어지게 되는 것이다.

어렵게 접근할 것도 없다. 요즘 식당에 가면 점심값이 거의 대부분 올랐다. 물가가 상승하고 있다는 사실을 피부로 바로 느낄 수 있는 부분이다. 점심값은 물가 상승률에는 포함되지 않으니 물가 상승률에는 기여하지 못한다. 실제 국민들이 체감하는 물가와 발표되는 물가 상승률에는 괴리감이 생기는 이유다.

2021년 5월, 한국의 물가 상승률을 2.6%라고 발표했다. 물가가 그 정도밖에 오르지 않았다고? 이런 정부의 통계발표보다 국민들에게는 점심값 1,000원 오른 게 훨씬 더 현실감 있게 다가온다. 돈이 시중에 많이 풀리니 이런저런 가격들이 피부로 느껴질 정도로 오르는 것이다.

투자자라고 해서 경제학자가 되라는 것은 아니다. 실업률이니, PMI(Purchasing Manager's Index : 구매자 관리지수)니, 물가 상승률이 주가에 미치는 영향이니, 미국의 고용지표 등과 같은 이야기들은 경제학자나 애널리스트들에게 맡겨 두자. 시중에 돈이 많이 풀리면 돈값이 떨어진다는 것만 알고 그에 맞는 투자를 하면 된다.

돈이 많이 풀리고 금리가 저금리 상태가 지속되면 주식이나 부동산의 가격이 상승한다. 이미 한국의 부동산은 2014년 바닥을 찍고 최근 몇 년째 계속 오르고 있었다. 코로나 사태로 돈을 풀다 보니 조정 없이 거기서 더 올랐다. 부동산 가격이 오르고 있다는 것을 알아도 부동산투자에 참여하기가 여간 어려운 일이 아니다. 부동산의 금액 단위가 일단 크기 때문이다. 서울의 아파트값이 폭등하자 최근 몇 년간 수십 차례의 부동산 억제책이 나왔다. 각종 억제책이 작용하여 대출도 어렵고 제약도 많다. 이런저런 면을 고려하면 엄두가 나지 않는다. 엄두가 나지 않는다고 손을 놓을 수도 없다. 손을 놓고 벼락 거지가 되어갈 수는 없기 때문이다.

이런 시기에는 현금성 자산과 부동산의 개인적 비율도 그에 걸맞게 이루어져 있어야 한다. 이런 급변의 시기가 아니라면 당연히 적정한 비율을 유지하는 것이 삶의 질을 위해서도 중요하다.

그러나 미국이 부동산 대 금융자산 비율이 30대 70이고, 일본이 40대 60이라 해서 이런 시기조차 미국, 일본과 상대 비교하여 따라서 흉내 낼 일은 아니다. 초저금리이고 시중에 돈이 많이 풀려 돈값이 형편없어지고 부동산 가격은 끝도 없이 상승을 하고 있는 시기에 선진국 국민들의 부동산 대 현금자산의 비율대로 본인 자산의 포트폴리오를 구성하고 있었다면 한국에서는 제대로 낭패를 본 재테크가 되었을 것이다.

지역이 서울이라면 부동산과 금융자산 비율이 100대 0. 심지어 대출까지 최대로 일으켜 부동산 100대 금융자산의 비율이 마이너스가 되더라도 낭패되지 않았을 비율이다. 이런 비율이 가장 성공적인 재테크가 된 비율이라 할 수 있다. 그러니 몇 대 몇의 비율이 일률적일 수 없다. 금리, 환율, 양적 완화 지속 여부 그리고 나이대에 따라 그 비율은 유기적으로 달라져야 한다.

추가적인 수입을 창출할 수 있는 젊은 나이의 투자자는 부동산에 비율을 높이는 일이 자산 형성에 크게 기여되는 결과를 최근 수년간에 걸쳐 있어왔다(아니 내 평생 그래왔다). 부동산과 금융자산의 비율을 일정하게 유지해야 한다며 주식을 꾸준히 가지고 있었다면 어떤 결과가 나왔을까? 최근에 주가가 올랐다고는 하나 코로나 사태 전에도 주식을 가지고 있었을 테고 폭락했다 올라온 것이니 2020년 코스피 지수가 세계 최고의 상승률이었다 치더라도 그에 걸맞은 투자성과가 나오지 않았을 것이다. 전세 끼고 대출까지 내서 서울의 아파트를 구매한 투자자는 현재 다른 결과물이 나와 있다.

미국은 다우지수가 10년 넘게 꾸준히 상승했다. 부동산 상승률보다 주가 상승률이 훨씬 높다. 이런 경우 부동산보다 금융자산 비율을 높게 가지고 있었던 투자자가 더 나은 수익률을 내었을 것이다. 그러니 금융자산의 비중이 상대적으로 높아질 수밖에 없다. 부동산가격은 그대로인데 주가가 오르니 자연스럽게 금융자산의 비중이 올라가는 것이다

미국 주식시장이 지속적으로 활황을 보이게 되면 당연히 부동산 자산보다 금융자산인 주식 비중이 높아진다. 그러니 부동산 대 금융자산의 비중이 30대 70은 합리적인 비율이다. 미국의 다우지수처럼 지난 10년 이상을 상승했으니 그런 결과가 나와 있는 것일 뿐이지 그게 정상적이고 정답인 것처럼 말할 수는 없다. 미국 국민으로서는 그런 비중을 유지했을 때 최적의 투자 효과가 나오기 때문에 그런 비율을 유지하는 결과가 된 것이다.

일본의 경우에는 1991년 부동산 버블이 붕괴되면서 30년 동안이나 부동산 가격이 하락했다. 그러니 부동산에 투자하기 위해 빚까지 낼 사람은 없다. 일본은 자연스럽게 부동산 대 금융자산의 비

율이 강제적으로 조정이 이루어진 케이스다. 일본에서는 아파트가 아닌 주택의 경우에는 매입하는 순간부터 가격이 반값으로 떨어진다. 감가상각이 반영되기에 부동산 가격상승이 없으니 그대로 비용발생 개념으로 생각하게 되었기 때문이다. 가만있어도 부동산 가격이 떨어져 현금성 자산의 비율이 올라간 것이라 할 수 있다. 부동산을 매입하는 순간 떨어지는 것을 30년간 지켜보다 보면 부동산 투자를 할 엄두를 내기 힘들다. 그러니 부동산은 투자자산 순위에서 뒤질 수밖에 없다. 개인 평균의 부동산 자산 비중이 줄어들게 되는 것은 당연하다.

한국의 부동산 대 금융자산의 비율이 80대 20이라고 하여 단순한 비율만을 가지고 미국이나 일본에 비해 지나치다고 말할 수 없다. 부동산과 주식시장의 나라별 현상을 고려해야 하는 것이다. 선진국과 같은 비율을 유지하는 것이 마치 정답인 것처럼 믿고 따라서 유지했다면 지금 같은 시대에는 완전히 실패한 재테크 결과가 되어 있을 것이다.

자산시장의 상황에 따라 그리고 나이대에 따라 자산상 재테크의 비율도 달라져야 할 것이다. 매달 정기적인 수입이 없는 은퇴자들에게는 부동산과 금융자산의 비율이 젊은이들보다 훨씬 중요하다. 은퇴자가 비싼 부동산만 깔고 앉아 있다면 고가의 주거비용만 지불하는 격이 될 테니 금융자산의 비율을 적정하게 유지해야 한다. 금융자산 중에 주식투자를 하더라도 매년 일정 금액 이상의 배당금을 지급해 주는 주식에 투자하여 현금 유동성을 꾸준히 확보해 두는 것이 좋다. “빠른 시일 내에 크게 벌 수 있는 주식”만 쫓는 투자자가 아니라면 은행 금리 보다 2~3배 큰 배당금을 지급해 주는 주식이 있으니 그런 주식에 투자하여 현금 유동성을 확보하는 투자전략을 구사해야 할 일이다.

부동산 가격이 떨어지면서 자연스럽게 금융자산의 비중이 올라간 나라가 있듯 한국처럼 부동산이 폭등하는 시기에는 부동산 가격 상승으로 금융자산은 그대로라도 그 비율이 균형을 잃은 듯 보이는 착시현상이 있을 수 있다. 그러므로 부동산 대 금융자산의 비율을 공장에서 제품 찍어내듯 틀을 정해두고 그 안에 맞출 일은 아니다.

저금리 상황과 양적 완화가 지속되는 시절에는 대출까지 받아서 부동산에 투자해야 수익이 극대화될 수 있다. 매월 꾸준한 수입이 발생하는 사람에게는 부동산 자산에 집중돼 있어도 문제가 될 게 없다. 지금과 같은 저금리 시대에 선진국처럼 금융자산 비율을 유지할 거라며 은행예금을 가지고 있다면 저금리와 물가상승의 직격탄을 이중으로 맞게 되고 만다.

한국에서 40대 중반 이후는 서서히 직장 수입이 끊기기 시작하는 나이대다. 국민연금을 받기에도 아직은 한참 기간이 남아있다. 그러니 금융자산의 비중을 늘려가기 시작해야 한다. 이렇게 나이대에 따라, 그리고 금리 상황과 양적 완화의 지속 여부에 따라 부동산 대 금융자산의 비율은 유기적으로 유지해 나가야 할 일이다.

두 자산 간의 비율보다 더 중요한 것은 현금흐름이다. 투자에 있어서 매월 꾸준한 수입이 들어오도록 포트폴리오를 구성하는 일만큼 중요한 일은 없다. 재테크에 있어 한시도 잊지 말아야 하는 개념이 있다면 자산 간의 일률적인 비중의 문제보다는 수동적인 수입이 꾸준히 들어오게 할 수 있는 자산을 구성하는 일이다. 내가 일을 하지 않아도 구성해 놓은 유무형의 자산에서 꾸준하게 수입이 발생할 수 있도록 포트폴리오를 구성하는 일이 무엇보다도 중요하다. 그래야 워라벨(Work Life Balance)을 추구하며 살아갈 수 있다.

5. 재테크에서 레버리지는 약일까? 독일까?

독일은 1차 세계대전 패망 후 10년간 하이퍼 인플레이션에 시달렸다. 전쟁이 끝나고 빵 한 개를 사려면 1마르크만 지불하면 되었지만 10년이 지난 후에는 빵 한 개를 사려면 17억 6천만 마르크를 지불해야 했다. 이 정도의 물가 상승이면 단순 인플레이션이 아니라 하이퍼 인플레이션이다. 독일에서 전후 하이퍼 인플레이션이 진행될 때에는 어떤 사람이 돈을 가장 많이 벌었을까?

주식에 투자한 사람?
부동산에 투자한 사람?

인플레이션 초기에는 기업들 순이익도 함께 증가했다. 그러다 하이퍼 인플레이션이 지속되자 높은 이자율을 견디지 못하고 부도난 기업들이 많아졌으니 만약 기업에 투자했다면 돈을 번 사람보다 손해를 본 사람이 더 많았을 것이다.

독일에서 하이퍼 인플레이션이 진행되는 10년 동안 가장 돈을 많이 번 사람은 "대출을 받은 사람"이었다. 17억 6천만 마르크를 대출받았던 사람은 하이퍼 인플레이션이 진행된 10년 후에 갚아야 할 돈이 17억 6천만 마르크이지만 그 돈은 10년 후 1마르크의 가치밖에 되지 않았으니 떼돈을 번 것이나 마찬가지다. 돈의 가치가 그만큼 떨어진 것이다.

전후 배상금을 물어줘야 했던 독일 정부는 쉴새 없이 돈을 찍어냈다. 시중에 돈이 풀릴 대로 풀려 월급을 받아서는 이미 오른 식료품 가격을 감당할 수 없고 주급을 받아야만 급등하고 있는 생필품을 구매할 수 있을 정도였다.

시중에 돈이 풀렸을 때 돈값이 헐값이 되었던 대표적인 예로 1차 세계대전 후 독일을 들었지만 1980~1990년대까지 전쟁이 일어나지 않았음에도 불구하고 이와 같은 하이퍼 인플레이션이 있었던 나라는 브라질이다. 그 당시 브라질도 많은 돈을 찍어냈고 1994년까지 7번에 걸친 화폐개혁을 단행했다. 그 과정에서 독일처럼 생필품 가격이 급등했고 다음 달 월급을 받아서 생필품을 사려면 그사이에 가격이 올라 있어 2주 단위의 주급을 받아 생필품을 사야 하는 일이 독일처럼 똑같이 벌어졌다.

물가 상승은 시중에 돈이 많이 풀릴 때(양적 완화)의 폐해다. 지금 전 세계적으로 각국이 양적 완화로 돈을 풀고 있다. 1차 세계대전 후의 독일만큼은 아니지만, 미국만 해도 현재 천문학적인 돈을 풀고 있다. 시중에 돈이 많이 풀리면 돈의 가치가 떨어진다. 반면 자산의 가치는 상승하고 물가도 상승한다. 독일과 브라질에서의 예에서

보았듯이 양적 완화 정책으로 시중에 돈이 풀리고 초저금리가 유지되는 시절에 레버리지의 사용은 필수다. 레버리지는 경제가 병들어 주가가 곤두박질쳐서 자산가치가 바닥권에 왔을 때 사용하면 약이 된다. 그러나 경제가 호전되어 주가가 상승할 대로 상승한 후에 쓰는 레버리지는 독이 되어 대가를 혹독하게 치르게 된다.

부동산에서도 마찬가지다. 서울의 전셋값이 아파트 거래가의 70% 수준까지 육박하고 금리는 저금리 상태가 유지되던 시절이 있었다. 그런 때가 바로 대출을 받고 전세 끼고 집을 사야 할 때이다. 당시 금융기관에 다니는 조카에게 지금 같은 때에 집을 사야 한다고 말하니 조카는 "삼촌은 기존 아파트 말고 추가로 더 매입하셨어요?"라고 말한다. 그 정도 되어야 부동산 가격상승에 대해 확신이 있는 것이 아니냐는 태도였다. 이 말은 한국에서 다주택자의 부동산 세금에 대해 전혀 모르고 하는 말이다. 부동산 공부가 하나도 안 되어 있다는 뜻이다. 조카는 부동산 세금에 대한 아주 기본적인 것조차 알지 못하고 있었다.

그 후 수년간 아파트 가격이 급등했다. 조카는 고등학교를 2년 만에 졸업하고 명문대학을 나왔어도 그 정도밖에 안 되는 경제이해 수준으로 세상을 산다. 학교에서 돈 버는 법, 재테크 하는 법을 가르쳐주지 않기 때문이다. 재테크에 관한 공부는 본인이 따로 해야 한다. 공부를 잘해서 명문대학을 졸업했다고 해서 재테크 지식수준도 그에 걸맞게 자동으로 따라오는 것이 아니다. 공부를 잘해서 성적이 좋다는 것은 공부에 대한 재능과 성실성을 인정받은 것일 뿐, 투자에 관한 공부는 학창 시절 공부하듯 별도로 많은 시간을 내어 주식이나 부동산 공부를 해야 한다. 그래야 투자를 해서 좋은 성과를 낼 수 있다. 레버리지의 사용은 큰 위험을 동반한다. 그러므로 자산 시장에 관한 공부가 되어 있지 않은 상태에서 사용하게 되면 낭패를 보게 된다. 그다음에 중요한 것이 어떤 자산에 레버리지를 사용해야 하는가이다.

어떤 자산에 레버리지까지 사용하여 투자를 해야 할까?

첫째. 원금이 보장될 가능성이 큰 자산이어야 한다.
둘째. 환금성이 쉬운 자산이어야 한다.
언제든지 현금으로 만들 수 있는 자산이어야 한다.
셋째. 그 자산으로부터 수익이 발생하는 자산이어야 한다.
왜? 이자를 내야 하니까.
넷째. 저금리, 양적 완화로 자산 버블이 진행되는 과정에서
초과 이익을 같이 향유할 수 있는 자산이어야 한다.
자산 버블이 언제까지 진행될지 모르기 때문이다.
다섯째. 자산 버블이 터지는 국면에서는 그 가치가 지켜질 수
있는 자산이어야 한다.

그렇게 좋은 자산이 있냐고?
"있다."

6. 자산 포트폴리오의 조정

" 쫄리면 뒈지시던가"

<타짜>라는 영화에서 고니라는 등장인물의 대사다.

쫄린다.

요즘 주식시장을 보면 쫄려도 너무 쫄린다.

나는 이 판에서는 이쯤에서 빠지기로 했다.

주식시장의 코스피 지수 월봉 그래프를 보면 아찔하게 느껴진다. 이런 월봉 그래프를 보면 쫄린다. 쫄린다고 느껴지는 판에는 끼지 않아야 한다. 부동산 대 금융자산의 비율을 유지해야 한다며 많이 올라있는 주식시장에서 외줄 타기를 하고 있을 수는 없다. 이런 시장에서는 유동적으로 또는 한시적으로 발을 빼서 관망한 후 다음 장을 다시 준비해야 한다.

2020년 코로나 사태가 터지자 코스피 지수가 급락하여 2020년 3월 19일 한때 장중 1,439.43포인트를 찍을 정도로 하락했다. 이후 지수가 급등하여 4월부터 8월까지는 연속 5개월간이나 상승했다.

코스피 지수가 월초 시초가보다 월말 종가가 더 높게 형성될 때 그려지는 양봉을 5개월 연속 그려냈다. 단기에 급등을 한 것이다. 2개월간 잠시 조정을 거치다가 2020년 11월부터 2021년 6월 현재까지 또다시 연속 8개월째 상승하면서 월봉상 양봉을 그리고 있다. 8개월째 코스피 지수가 쉬지 않고 상승하고 있다는 것은 많이 올랐다는 이야기다.

그것도 2020년 10월 코스피 지수 종가 2,267.15에서 2021년 6월 25일 장중 최고가인 3.316.08까지 코스피 지수가 8개월 동안 46%나 상승했다. 2020년 3월 19일 장중 최저인 1,439.43포인트를 기준으로 하면 바닥에서 1,8766.65포인트나 상승을 했다. 상승률 따져보면 130%의 상승률이다. 개별종목이 아니라 코스피 지수가 1년 5개월 동안 130%가 상승한 것이다. 코스피 지수 월봉 그래프를 보고 있으면 현기증이 날 정도다.

32년째 주식시장 안에 있으면서 8개월 연속 양봉의 기록을 본 적도 드물지만, 지수의 상승 폭이 8개월간 1,048포인트가 오르며 상승률이 46%를 기록한 예를 본 적이 없다.

양적 완화로 인해 돈이 풀려도 너무 많이 풀려 있다는 것이 실감난다. 돈이 많이 풀려서 벌어지는 자산 버블 상황이 제대로 진행되고 있는 것이다. 일단은 여기서 '잠시 멈춤'이라고 말하고 빠져나와서 관망하기로 했다.

왜? 쫄. 리. 니. 까!

코스피 지수 2021년 6월 현재의 월봉 그래프. 1개월을 봉 한 개로 표시한 그래프가 월봉 그래프이다.

쫄리는데도 버티고 있다가 튀질 타이밍을 놓치면 "돈으로 때워야 한다." 아직도 배는 고프다. 그런데 내 배가 고프다고 시장이 그것을 알고 협조해 줄 것 같지 않다. 아직은 배가 고파 더 버티며 먹고 싶지만, 코스피 지수의 월봉 그래프를 볼 때마다 자신이 없다.

2020년부터 끝까지 끌고 오던 주력 종목 및 여타 종목들을 모두 현금화했다. 이 가격에서 더 떨어지면 아파트라도 팔아다가 사고 싶을 정도인 주식 딱 한 종목만 남겨 두기로 했다. 그리고 상대적으로 덜 올랐고 저평가되어있다고 생각되는 자산으로 옮겨 타기로 했다.

나는 재테크에서 가치 투자 전략을 구사한다. 주식투자에서 <가치 투자>란 기업의 가치에 믿음을 둔 주식 현물 투자 전략을 말한다. 기업의 가치를 구성하는 요소는 순자산 가치, 성장 가치, 수익 가치와 기타 무형의 가치들이 있다.

가치투자자들은 회사 지분의 일부를 사서 회사를 소유한다는 마인드로 투자하는 사람들이 많고 비교적 장기투자를 한다. 가치 투자에 있어서 가장 중요한 요소는 안전 마진으로 회사 주가와 실제 기업가치의 괴리율을 뜻한다. 이게 가치 투자의 사전적 의미이다.

그런데 주식 이야기를 하는 유튜브 방송을 보면 <가치투자>를 자기식대로 해석하여 말하고 있는 사람들이 종종 있다.

"조선업 세계 1위인 기업을 40만 원대 매수했는데 내리고 내려 20만 원대에서 손절했고 그 이후 가치투자를 하지 않는다" 라는 유튜버의 방송을 본 적이 있다.

"이 투자가 가치투자 맞나?"

그 투자자의 말에는 "이름만 대면 알 만한 주식에 투자하는 것이 가치 투자다"라고 생각하는 것 같다.

위 내용에는 안전 마진이라는 부분이 빠져 있다. 이름만 대면 알 만한 기업의 주식이 충분히 떨어져 실제 가지고 있는 내재가치에 비해 저평가되어 있을 때 그러니까 안전 마진이 충분해 보일 때 투자하는 것이 <가치 투자>다.

그 해당 기업의 내재가치가 10,000원 정도 되는데 주식시장에서 그 반값인 5,000원에 거래되고 있을 때 그 차이만큼이 안전 마진이다. 이름만 대면 알만한 기업의 주식이 천정부지로 올라 내재가치를 넘어서 프리미엄까지 형성된 상태에서 가치투자, 장기투자를 한다며 매수하는 것이 가치투자가 아니다.

대주주가 구속되자 작년에 특별 배당까지 하며 한 번도 준 적 없던 금액의 배당금을 준 기업이 있다. 2018년에 243조 7,714억 원 매출에 58조 8,867억 원, 순이익은 44조 3,449억 원으로 사상 최대 실적을 기록했다. 그해 말 사상 최대금액인 주당 1,416원의 배당금을 지급했다.

2020년 작년의 실적을 보면 2018년보다 줄어든 매출 236조 8,070억 원(2018년 매출 대비 -2.85%), 영업이익은 35조 9,939억 원(2018년 영업이익 대비 -38.8%), 순이익은 26조 4,078억 원(2018년 순이익 대비 -40.4%)를 기록했다. 그런데 2020년 2,994원(2018년 1,416원보다 +111.4%)을 배당했다. 순이익이 40%나 줄었음에도 2배 이상 늘려 배당을 했다.

주가는 2018년 사상 최대실적을 등에 업고 2019년 1월 사상 최고가인 62,800원을 기록했는데 2020년 결산 실적이 2018년보다 훨씬 못한 영업이익과 순이익을 기록했음에도 실적이 좋아질 것이라는 기대감이 작용하며 2021년 1월 11일 장중 사상 최고가인 96,800원을 찍었다. 사상 최고치의 실적을 냈을 때 기록했던 주가보다 54.1%나 더 높은 가격을 형성한 것이다.

한국을 대표하는 기업이다. 동업종 세계 1등을 하는 제품을 제조하는 회사다. 누구에게 물어봐도 좋은 기업임이 틀림없는 초우량 기업이다. 이런 기업이라 해서 9만 원이 넘는 가격대에 매수하면서 '가치투자를 했다'라고 생각한다면 그건 착각이다. 수많은 개인투자자들이 이 가격대에 주식을 매수했다.

가치투자의 창시자 벤자민 그레이엄 이후 가치투자 추종자들로서 투자하는 사람들이 많고 비교적 장기투자를 영위하는 투자자들이 많다. 그런데 장기투자를 하더라도 가치 대비 싼 가격일 때 매수해서 장기투자를 해야 하는 것이다. 저평가 상태라는 것은 주가가 장기 침체하여 실제 가진 내재가치 대비 주가가 많이 떨어져 있는 상태를 말한다. 가치투자는 이런 저평가 상태의 주식을 침체기에 매수하여 제 가치를 찾아 상승할 때 매도하는 투자 방법이 가치투자이고 장기투자인 것이다. 이름만 대면 알만한 최고의 기업의 주식을 오를 대로 오른 가격에 매수하면서 가치투자를 했다고 말을 하면 곤란하다.

가치 대비 실적이 좋아질 거라는 기대감이 미리 반영되어 주가가 올랐는데 그 가격대에 매수를 하는 것은 가치 대비 프리미엄까지 주고 주식을 매수한 것이므로 가치투자라 할 수 없다. 사상 최고 실적을 냈던 때보다도 주가가 한참 더 높은 가격까지 가 있는 상태에서 투자를 하면서 장기투자를 한다며 묻어두겠다는 투자자들을 보면 가슴이 답답하다.

주식시장에는 사람지표라는 것이 있다. "객장에 아이를 업은 엄마가 등장하면 주식을 매도하라"라는 말이 있다. 평생 주식하고는 담을 쌓고 지내왔던 친구들이 이런저런 주식을 샀다는 전화가 온다. 한술 더 뜬다. 매달 사서 모아 가겠단다. 바닥권에 지지부진 주가가 기고 있을 때는 뭐하고 주가가 사상 최고가에 있는데 장기투자를 하겠다며 매달 사서 모으겠다는 건가? "줍줍해서 존버하겠다"는 이 말이 유난히 천박하게만 들리는 요즈음이다. 아무때나 이렇게 해서 좋은 투자 결과가 나올까?

매출도 순익도 좋은 우량한 기업의 주가가 떨어져 바닥을 기고 있을 때 장기투자 한다며 매달 사모아 존버하는(존엄하게 버티는) 것이 가치투자이고 장기투자인 것이다.

이런저런 모든 상황을 놓고 볼 때 쫄린다. 쫄려서 주식자산을 더 가지고 있을 수가 없다. 재테크에 있어서 자산 포트폴리오 조정에 들어가기로 했다. 한국의 자산시장은 오를 대로 올라 겁나서 엄두를 낼 수 없으니 해외로 눈을 돌려 보기로 했다.

인간관계에서는 인싸(아웃사이더의 반대 표현), 더 나아가 핵인싸일수록 좋겠지만 투자에서는 남이 돌아보지 않는 시기에 아웃사이더가 되어 무소의 뿔처럼 혼자서 갈 용기를 낼 때 좋은 투자 결과를 가져다주는 경우가 많다.

7. 아파트에 나라별 가성비가 있을까?

2019년, 미국에 사는 친구가 일본에 올 일이 있다는 연락을 받고 동경에 간 적이 있다. 그때 마침 일본에 사는 지인이 소유한 아파트가 비어 있다고 해서 우리는 그곳에서 4박 5일간 머물렀다.

동경의 신주쿠는 설문조사에서 일본에서 가장 살고 싶은 동네 7위에 랭크된 인기 있는 주거지역이다. 지인의 아파트는 근처에 도쿄도청이 있고, 힐튼호텔에서 길만 건너면 될 정도의 거리에 있는 위치가 좋은 아파트였다. 방 두 개에 30평형 정도는 되어 보였다. 아파트 가격을 물어보니 75만 달러 정도 한다고 했다. 한국 돈으로 환산을 해보면 약 8억 5천 만원 정도다.

1991년, 일본 경제의 버블이 붕괴되면서 부동산 가격이 폭락했다. 그래도 일본은 세계적인 채권국이면서 세계 경제 3위인 나라다. 그런 나라의 수도에 있는 아파트가 서울의 아파트 가격에 반값도 안 된다니…. 일본의 아파트가 싼 것이 아니라 한국의 아파트가 비싼 걸까? 그때 그런 생각이 들었다. 서울의 30평대 아파트가 보통 20억 원대이니 그걸 팔아 일본 신주쿠에 이런 아파트를 하나 사고 나머지는 노후 자금으로 쓰는 게 현명하겠다.

이 아파트는 로비에서 엘리베이터 타는 곳까지 에스컬레이터로 이동하게 되어 있을 정도로 시설이 괜찮았다. 동경 신주쿠에 이 정도의 아파트 가격은 얼마면 적정하다고 생각되는가?

이 아파트에 머물 당시 찍어온 아파트 사진들을 올려본다.

동경 신주쿠에 방 2개, 화장실 2개인 이 아파트가 8억 5천만 원밖에 안 한다고?

우리는 투자자가 되기로 할 때 자산의 적정가치를 산정할 줄 알아야 한다. 글로벌 시대 투자자라면 나라별 부동산 가격도 비교해 가며 투자해야 한다. 막연히 서울 아파트값 미친 거 아냐? 하는 마음에 떨어지지도 않을 아파트 가격이 떨어질 때를 마냥 기다리고 있는 자세도 바람직하지 않다. 폭등하는 가격에는 사람의 광기도 곁들여져 있는 법이기 때문에 자산의 버블시기에는 많이 올랐다고 생각하는 그 가격에서도 폭등이 이어질 수 있기 때문이다.

"지금의 서울 아파트 가격, 이게 말이 돼?"라 던가, "월급쟁이들이 월급 모아서 그런 아파트를 살 수나 있다고?" 처럼 본인의 감정으로 서울 아파트 시세를 논하면 곤란하다. 서울의 아파트를 누가 사고 있는지를 알면 고개가 끄덕여진다. 서울의 아파트는 기존에 아파트를 가지고 있던 사람들이 구매한다. 월급을 모아서 사는 게 아니다. 살던 아파트를 팔고 더 넓은 평형으로 이사를 한다던가, 다른 지역에서 강남, 서초 지역으로 옮겨가며 구매를 한다. 그 과정에서 거래가 이루어지고 가격이 오른다.

기존 아파트를 팔고 그동안 모았던 현금을 보태고 전세를 끼고 해서 비싸다고 생각되는 그런 아파트를 구매하기 때문에 가격이 오르는 것이다. 그게 아니고 월급쟁이가 월급을 모아서 살 수도 없는데 가격이 계속 오른다고? 이걸 살 사람이 있다고? 한국 인구가 줄어드는데? 이런 좁은 시각만으로 시세를 이해하려고 하면 벼락 거지 되기 딱 알맞다.

유튜브 방송에서 "일본을 봐라. 한국의 인구가 이렇게 줄어들고 있는데 부동산 가격이 계속 오를 수 있겠는가?" 이라며 완벽한 이론으로 무장한 전문가들의 말을 추종하여 만약 집을 구매하지 않았다면 그는 현재 벼락 거지가 되어 있을 가능성이 크다.

월급쟁이가 월급 모아서 20~30억 원짜리 아파트를 사는 것은 거의 불가능에 가깝다. 그렇다면 내 집 마련은 꼭 그렇게 비싼 서울에만 해야 할까? 주거비용은 줄여 소유개념보다는 사용개념으로 가져가고 해외로 눈을 돌려 부동산 투자를 해 보는 것은 어떨까?

2021년 현재 동경과 하와이의 신규 아파트 분양가를 알아보자. 우선 하와이에서 분양 중인 콘도의 분양가는 다음과 같다.

KO'ULA
총 세대수 : 565세대
층수 : 41층
평수 및 가격
스튜디오 : 8~10평 (514,000,000원)
1베드룸 : 10~21평 (791,000,000원)
2베드룸 : 21~31평 (1,108,000,000원)
3베드룸 : 40평 (1,792,000,000원)

이 콘도는 전용면적 기준이고, 현재 약 60% 정도가 분양이 된 것으로 알려져 있다. 한국과 같이 공용면적을 포함한 평형을 비교하려면 여기에다 5~10평 정도를 더해야 한다(2베드룸의 경우에는 공용면적을 넣어 한국의 같은 평형과 비교하면 실제 분양가는 30평형의 경우에는 10억 원이 되지 않는다).

일본의 경우에는 얼마 전 올림픽을 앞두고 분양을 했다가 올림픽이 연기되면서 분양을 멈춘 아파트가 있다. 가을에 처음 제시했던 분양가를 그대로 유지하면서 다시 분양하겠다고 한다. 중심가인 긴자역까지 2.9km 밖에 떨어져 있지 않은 위치가 아주 뛰어난 곳에 있는 아파트이다. 분양가는 평형별로 다르지만, 평당 298만엔, 한국돈으로 환산하면 평당 약 3천만 원 정도이다. 30평형 기준 분양가가 9억 원 정도인 셈이다. 이 정도로 좋은 위치에 바다 전망까지 누릴 수 있는 지역인데도 30평형 아파트 가격이 10억 원이 안 되는 것이다.

하와이도 위치가 거의 강남급 정도 되는 위치의 분양가이고 동경도 마찬가지인데 가격이 30평형 기준 10억 원이 안 된다. 그것도 신축 아파트 가격이 그렇다. 하와이의 경우는 전용면적만 기준으로 하므로 한국과 상대 비교하면 공용면적 때문에 규모가 더 큰데도 11억 원이니까 30평형을 기준으로 하면 10억 원이 안 된다고 봐야 한다. 서울 30평형 아파트 가격과 비교하면 반값도 안 되는 가격이다. 여의도나 반포의 재개발 아파트가 신축되면 30평형대 아파트가 40억 원대가 된다는 이야기가 나온다. 같은 평형 그대로 비교해도 동경이나 하와이 신축 콘도가 훨씬 저렴하다. 여의도나 반포 같은 서울의 중심지역의 재건축 아파트가 아니라도 서울 시내 웬만한 지역의 30평대 아파트는 20억 원이고 강남 서초지역은 30억 원이다.

지금 짓고 있는 하와이의 KO'ULA만 해도 하와이 신흥 주거지로 핫하게 떠오르는 워드빌리지(Ward Village)지역의 신축 아파트라서 이 가격이지만 와이키키 지역의 아파트나 콘도텔들은 이 가격보다도 훨씬 싸다. 서울의 아파트 가격이 비싸다고 한탄만 하고 있을 것이 아니라 가성비 높은 해외로 눈을 돌려도 된다. 은퇴를 앞둔 사람이나 이미 은퇴한 사람이라면 비싼 동네에서 값비싼 아파트를 깔고 앉아 세금을 걱정하고 있기보다는 가성비가 높은 곳에 구매하고 서울에서는 주거비용을 낮춰 사는 것이 삶의 질을 높이는 방법일 것이다.

8. 지금은 달러 베이스의 자산에 관심을 가질 때

지금 자산시장의 화두는 미국의 테이퍼링, 양적 완화, 금리 인상이다. 자산시장은 이 단어들에 가장 빠르게 반응하고 있다. 과연 미국 연준(Fed)은 언제부터 테이퍼링을 시작할 것인가? 그 후 이어질 금리 인상은 언제부터 몇 퍼센트까지 금리를 올릴 것인가? 투자자는 이 부분에 모든 촉각을 곤두세우고 자산시장을 바라봐야 한다. 한국의 자산시장과 미국의 금리 인상이 무슨 상관관계가 있는가? 하겠지만 해외자산에 투자한 투자자들은 환율까지 신경을 써야 한다.

"낙엽 한 장이 떨어지는 것을 보고 이미 가을이 왔음을 알아야 한다"라는 주식투자 격언이 있다.

테이퍼링 이야기가 나온다는 것은 머지않아 금리 인상이 이어질 것이고 긴축정책을 통해 시중의 돈을 회수할 것이라고 예상해야 한다. 긴축정책으로 금리를 인상하게 되면 자산 가격은 하락할 수밖에 없다. 미국이 금리를 인상하면 미국이 아닌 다른 나라의 자산시장은 출렁일 수밖에 없다. 한국에서도 진행되고 있는 양적 완화는 어느 순간 글로벌 투자자들의 먹잇감이 될 수 있다.

돈을 지속적으로 풀어 일정 수준 이상 통화량이 증가하면 자산시장에서 버블이 발생하게 되고 자산 가격이 급상승하면 글로벌 투자자들은 한국 자산시장에서 자산을 매도할 것이다. 그리고 한국에서의 자산을 팔아 그 돈을 달러로 바꿀 것이다. 더 나아가 환차익을 얻기 위해 공매도 전략까지도 구사할 것이고 기관 역시 같은 투자에 동참하게 되어 자산시장이 요동칠 수 있다.

2021년 6월 15~16일 연준(Fed) 회의에서 18명의 의원 중 7명이 점도표에 금리 인상 의견을 표시했다는 뉴스가 전해지자 비둘기파(금리 인상에 반대)였던 사람이 매파(금리 인상에 찬성) 의견에 표시를 했다며 인터뷰하는 내용이 보도되자 환율이 하루 13원이나 급등하는 일이 벌어졌다. 금리 인상을 하겠다는 것도 아니고 연준위원 전원이 내년 금리 인상에 점도표를 찍은 것도 아니다. 연준위원 중 절반도 안 되는 위원이 점도표에 표기한 일만 가지고 환율이 요동칠 정도였다는 것은 우리에게 시사하는 바가 크다.

이 뉴스는 달러 자산을 왜 갖고 있어야 하는지를 말해준다. 돈을 푸는 수준이 일정 수준을 넘어서 자산버블이 진행되었다고 판단되면 국제금융투기세력은 한국 자산에 투자했던 돈을 회수하며 더 나아가 공매도까지도 불사할 것이다. 그 시기가 되면 자산의 가격조정은 필연이다. 국제 금융주자가들은 자산을 매도하여 달러로 바꿔 빠져나갈 것이고 그 과정에서 달러수요가 증가하며 환율이 상승할 것이다. 투자자들이 환율을 참고해야 하며 달러베이스의 해외 부동산에도 관심을 둬야하는 이유가 거기에 있다.

현재 환율이 움직이고 있는 모습을 보면 달러에 투자를 해야 한다. 미국의 금리 인상 이야기만 나와도 환율이 급등하기 때문이다. 천문학적으로 풀려 있는 달러 때문에 결국 테이퍼링과 금리 인상은 시기가 문제일 뿐 결국은 실시된다고 봐야 한다. 그러나 아직은 돈이 풀리고 있으니 그 때까지는 자산 버블에도 올라타 돈을 벌어야 한다. 그렇다면 달러화 베이스의 부동산에 투자를 하는 것이 최적인 것이다.

한국의 아파트 값은 많이 올랐다. 화무도 십일홍이고 달도 차면 기우는 법이다. 월급쟁이들이 월급을 모아 이런 아파트를 사는 것이 가능하겠는가? 여기서 가격이 더 오른다고? 하는 어처구니 없는 논리로 접근하자는 것이 아니다. 그렇지만 자산의 가격이라는 것은 적정 수준이 있는 법이다. 그 어떤 자산도 무작정 상승만 하는 자산은 없다.

나라별 아파트 가격을 비교해 봤을때 한국의 아파트를 높은 가격에 팔아 동경이나 하와이에 투자하고 남는 돈은 노후자금으로 쓰는 것이 현명하다고 느껴질 정도로 가격차이가 현격하다.

아직은 돈이 계속 풀리고 있어 전 세계 자산시장의 버블이 진행중이다. 돈이 계속 풀리는 한 자산가격은 상승한다. 많이 오른 서울의 부동산을 팔고 오르지 못하고 있는 해외 부동산으로 지금은 눈을 돌려야 할 때이다.

"그럼 지금 투자하기에 가장 유망한 지역은 어디일까?"

> "낙엽 한 장이 떨어지는 것을
> 보고 이미 가을이 왔음을
> 알아야 한다"

Part 2. 재테크 진행편

하와이 부동산 구매 A부터 Z까지

1. 부동산 서학개미

"나는 하와이 2억원대 콘도텔에 투자했다"고 쓰고
"나는 하와이 2억원 대 별장에 투자했다"라고 읽는다.

하와이는 섬이다. 섬이라 해서 배로 가는 방법 같은 것은 없다. 오로지 비행기로만 갈 수 있다. 하와이 지역은 코로나 사태로 비행기가 멈췄을 때 관광객들의 발길이 끊기면서 부동산 가격이 폭락했다. 저금리와 양적 완화로 돈이 풀릴 대로 풀리고 있는 상황임에도 불구하고 부동산 가격이 급락한 것이다.

투자자에게 이런 때만큼 천금 같은 기회는 없다. 투자는 이런 때 시작해야 한다. 지혜로운 투자는 가격이 쌀 때 매수에 관심을 갖고 누구나 사고 싶어 안달이 날 때 매도하는 것이다. 가격이 올라 사지 못해 안절부절못할 때는 못이기는 척 "어깨에서 팔지 뭐"하는 마음으로 매도하는 것이 재테크의 기본이다.

미국 본토는 이미 2020년부터 저금리와 양적 완화로 돈이 천문학적으로 풀리면서 부동산 가격이 가파르게 상승하기 시작했다. 그에 비해 하와이는 코로나 사태로 직격탄을 맞는 바람에 2021년 3월까지도 바닥권을 기고 있었다. 그래프상에서 파란색인 미국 본토의 부동산 가격을 보면 2020년 4월 이전부터 벌써 상승하기 시작했으나 오렌지색으로 표시된 하와이의 부동산 가격은 코로나 사태로 오히려 가격이 떨어지기 시작했다.

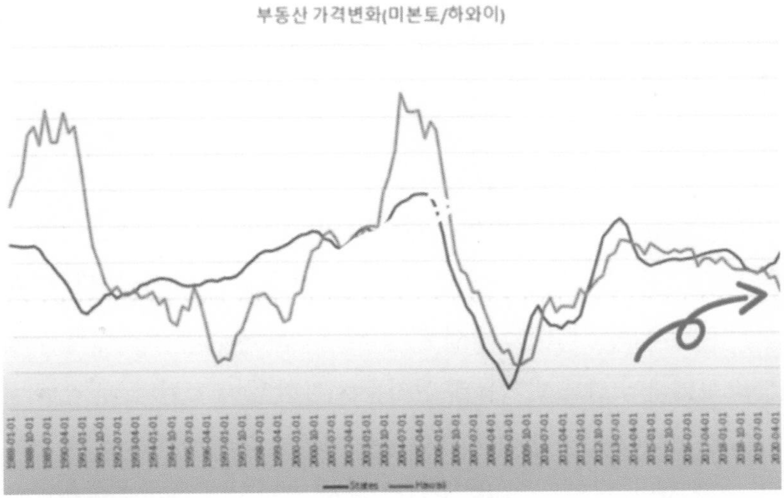

하와이 브로님 유튜브

2020년 내내 하락을 거듭하다가 2021년 3월이 되자 바닥권 가격으로 나와 있던 매물들이 하나둘씩 거래되기 시작했다. 이즈음 한국 주식시장은 이미 전세계 최고의 상승률을 기록 중이었고, 부동산 가격은 고공행진 중이었다. 이미 폭발한 시장에 참여할 기회를 놓쳤다고 투자자들이 아쉬워할 필요가 없다. 전 세계가 글로벌화 되어있고 투자도 자유화되어있으니 이렇게 자산 가격이 떨어져 있는 지역으로 눈을 돌리면 된다. 동작 빠른 사람들은 미국 주식투자로 '서학 개미' 라는 신조어까지 탄생시킨 마당이지만 부동산에서의 '서학 개미'라는 말은 아직 들어본 적이 없다.

미국 부동산 투자는 그렇게 어렵지 않다. 한국에서는 다주택자에 대한 세제가 강화되어 높은 취득세, 양도세로 부동산 투자를 머뭇거리게 만든다. 반면에 미국에는 다주택자에 대한 중과세가 없다. 땅덩어리가 워낙 넓은 나라이니 한국과는 여건이 다르다. 한국인이 미국에 부동산이 있다고 해도 한국 세법상 다주택에 포함되지 않는다.

부동산 구매도 인터넷으로 가능하다. 동네와 거리, 건물 모습까지 위성사진으로 볼 수 있는 시절이니 사고자 하는 부동산의 건물도 직접 가보지 않고 앉은 자리에서 얼마든지 체크해 볼 수 있다. 거래도 비대면으로 인터넷에서 클릭 몇 번만으로 계약이 체결되니 부동산을 구매하기 위해 번거롭게 현지를 오가지 않아도 된다. 등기도 에스크로 회사에서 다 알아서 책임감을 가지고 처리해주니 여간 편리한 것이 아니다. 나는 올해 2021년 들어 하와이에 콘도텔을 3개 구매했지만 부동산 구매를 위해 하와이에 한 번도 가지 않았다. 사후 부동산 관리는 부동산 관리회사와 계약하여 맡기면 된다.

단기임대는 에어비앤비(Airbnb)로 운영하여 수익을 통장으로 넣어주고 한 달 단위 장기 임대는 세입자의 신용도까지 체크하여 구해주고 월세를 받아 통장에 넣어준다. 이런 시대에 '2억 원대의 하와이에 내 별장 갖기' 멋지지 않은가?

하와이를 가본 적이 있고 살인적인 호텔비에 질려 더 이상은 가볼 엄두를 내지 못하는 사람이라면 귀가 솔깃한 이야기일 것이다. 물가가 높은 지역답게 세금과 관리비가 엄청난 하와이에서 그 세금과 관리비를 매달 에어비앤비로 운영해 수익까지 안겨주는 부동산이고 내가 휴가일 때는 언제든 사용할 수 있다면? 이런 부동산이 코로나 사태로 헐값이라면?

하와이 오아후섬 호놀룰루시의 와이키키는 여의도 면적과 크기가 비슷하다. 하와이가 섬인데 와이키키 지역은 섬 중의 섬이다. 와이키키 지역의 앞쪽은 와이키키 비치가 있고 뒤쪽에는 알라와이(Ala Wai) 운하가 있어 여의도처럼 섬 같은 모습이다. 면적도 여의도와 비슷한데 섬이라는 모습까지 여의도와 닮아서 부동산을 이해하기 쉬운 지역이다. 이 지역에 110개의 호텔과 콘도텔이 있다.

하와이는 전 세계에서 관광객들이 몰려드는 곳이고 대부분의 관광객들은 와이키키 지역에 머문다. <부동산 서학 개미>라는 제목이 말해주듯 여의도 신축아파트 가격처럼 40억 원이나 하는 가격대라면 그 단어에는 어울리지 않는다. 개미라는 단어에 어울릴 법한 금액 단위는 2~3억 원대 정도이다.

사진 속에 표시된 빌딩은 와이키키 한 중심에 있는 빌딩으로 두 번째 구매한 콘도텔이 있는 빌딩이다. 바닷가 쪽으로 두 블록 걸어가면 와이키키 비치가 나온다.

이 빌딩에 콘도를 구매할 때 매도자가 사이트에 올려놓은 사진(출처 : Hawaiiliving .com)

위쪽은 와이키키 비치이고 사진 아래로 보이는 강 같아 보이는 것이 알라와이 운하다. 와이키키는 이렇게 섬 같은 지형이라 수요가 많다고 해서 늘어날 땅이 없는 모습이다. 평상시에 하와이 부동산 구매라면 단순하게 별장 매입이 된다. 가격이 바닥권일 때 하와이 콘도텔을 구매하게 된다면 그것은 투자가 되면서 재테크가 된다.

하와이로 관광객이 몰리고 부동산 가격이 올라가면 공급이 늘어나야 하는데 와이키키 지역은 더 이상 뻗어나갈 곳이 없다. 공급이 늘어날 수 없는 지형구조이다. 서울의 여의도를 생각하면 된다. 위로 높이 올려 지을 수는 있어도 땅을 넓힐 수는 없는 지역이니 부동산에 문외한이라도 부동산 지역분석 면에서는 어려울 게 없다.

다이아몬드 헤드에 올라가 와이키키 지역을 내가 직접 찍어본 사진이다. 왼쪽에는 와이키키 바다가 있다. 건물들 뒷쪽은 운하가 있다. 사진 앞쪽은 녹색 나무들이 있는 공원 지역이라 더 이상 건물을 지을 수 있는 땅이 보이지 않는다.

내가 구매한 물건은 콘도텔이다. 콘도텔은 콘도와 호텔의 합성어로 하루 단위의 단기임대가 가능한 부동산이다. 하와이의 부동산에는 임대를 놓을 때 에어비앤비로 운영할 수 있는 일일 단위의 단기임대가 가능한 부동산이 있고, 최소한 한 달 이상의 장기임대가 가능한 부동산으로 구분되어 있다. 장기임대만 가능한 부동산으로 에어비앤비를 하면 법적 제재를 받는다.

단기임대가 가능한 콘도텔은 합법적으로 허가가 나 있는 건물에서만 가능하다. 최근 와이키키 지역에 부동산을 구매하여 한 달 단위로만 임대할 수 있는 건물에서 에어비앤비를 하는 사람들에게 2019년에 이어 두 번째로 하와이 주 정부가 경고장을 보내는 바람에 이런 류의 부동산 가격이 하락했다. 한 달 단위 이상으로만 임대 가능한 부동산으로 에어비앤비와 같은 일일 숙박업을 운영할 경우에는 강력한 법적 제재를 가하겠다는 경고장이었다.

와이키키 지역에는 이렇게 일일 숙박이 가능한 건물이 정해져 있어 그러한 건물을 구매해야 에어비앤비 운영이 가능하다. 한국인이라도, 미국 세금 번호가 없어도 에어비앤비 관리회사에 맡기면 된다 (원천징수 세금을 낸 후에 연말 지나고 세금 번호를 만들어 세금 정산을 다시 하면 된다).

에어비앤비 부동산 관리회사들은 소유주들에게 유닛을 유치하기 위한 경쟁이 치열해서 투자자는 그 관리회사들 중에서 조건이 좋은 곳을 골라 계약을 맺으면 된다. 부동산 매출의 일정 수수료를 받고 고객에 대한 예약 관리를 해주고, 호텔처럼 청소를 해주고, 어메니티(Amenity : 호텔이 제공하는 각종 욕실용품과 소모품)도 넣어주고, 시설이 고장 나면 수리까지 해준다.

이렇게 부동산을 선택하여 구매하고 에어비앤비 관리회사와 계약하여 위탁하는 일까지 모두 온라인으로 가능하다. 에어비앤비를 운영해 발생한 수익을 받을 통장도 비대면으로 하와이 소재 은행에 계좌를 개설할 수 있다. 영어를 못해도 상관없다. 부동산 중개회사의 직원 중에 한국인이 있으니 한국말로 진행할 수 있다.

에어비앤비 운영을 하는 사람들 중에는 재미교포로 하와이에 살면서 개인 비즈니스로 에어비앤비를 관리하는 분들이 있으니 관리에 대한 걱정은 하지 않아도 된다. 얼마나 좋은 물건을 싸게 잘 구매할 수 있을 것인가만 생각하면 된다. 어떤 건물이 에어비앤비가 되는 건물인지 따로 공부할 필요도 없다. 이런 책 한 권만 읽으면 에어비앤비가 가능한 건물인지 아닌지 확인할 수 있음은 물론이고 에어비앤비에 최적인 건물이 어디에 있는지까지 알게 해줄 테니 말이다.

지금 하와이는 미국 본토 관광객만으로도 6개월간의 렌터카 예약이 다 차 있다. 하와이 여행을 계획하고 있는 사람이라면 비행기나 호텔이 먼저가 아니고 렌터카부터 예약해야 한다는 것이 정설이 된 상태다.

코로나 사태로 렌터카 회사가 부도가 나서 수급에 영향을 미쳤다고는 하나 미국 사람들이 해외여행을 가지 못하게 되자 이국적인 기분을 느낄 수 있는 하와이에 집중적으로 몰리기 시작했고 이미 미국 사람들만으로도 2019년 관광객 수 최고치를 경신하던 때의 하루 관광객만큼 관광객이 유입되기에 이르렀다. 이에 따라 하와이 부동산 가격도 영향을 받기 시작했다.

코로나 사태 후 양적완화로 인해 한국에서는 주식 부동산 등의 자산 가격이 상승했다.

"이 가격의 아파트를 요즘 세대 아이들이 돈 벌어 살수나 있겠나? 정치인들은 부동산값 안 잡고 뭐 하는 거냐?"며 부동산 정책을 비난하는 사람들이 이해는 된다. 가만히 있었는데 벼락 거지가 되어버렸다면 화풀이할 대상이 필요한 법이니까….

모든 자산의 가격은 수급에 의해 결정된다. 코로나 사태 후 시중에 돈이 너무 많이 풀리고 있는 게 뻔히 보였다. 자산 버블이 진행될 수밖에 없는 정도의 양적완화 정책이 이어지고 있는 상태였다.

"후세대들 불쌍해서 어쩌냐?" 라며 전 인류적인 생각을 하기에 앞서 변화의 시대에는 투자에서 어떤 결정을 해서 살아야 하는지를 먼저 생각해야 한다. 자산 버블이 진행되다가 자산 버블이 붕괴되는 시점까지도 정부 탓, 부동산 정책 탓만 하고 있다가는 벼락 거지 굳히기로 들어간다.

이런 변화의 시기에 어떤 생각을 하고 어떤 결정을 해서 미래를 준비하느냐에 따라 자식의 신분마저도 결정될 가능성이 크다. 부모가 무주택으로 세를 사는데 자녀마저 공부를 못하게 되면 더욱 심각해진다. 이제는 의사, 변호사, 회계사, 세무사, 감정평가사 등등의 평균연봉이 상위에 랭크되어 있는 자격증이 있어야 그나마 일자리를 쉽게 구할 수 있는 시대가 되었다. 이 정도 자격증을 따려면 공부에 상당한 재능이 있어야 한다. 이런 자격증 시험에 합격할 정도의 공부에 재능이 없다면 좋은 대학을 나와도 취직하기가 하늘에 별 따기인 시대이다. 안정적인 직업인 공무원, 교사의 시험은 '임용고시' 라고 말하는 시대다.

우리는 지금 가난이 세습될 가능성이 큰 시대에 살고 있다. 최저시급을 받으면서 아르바이트 자리를 전전하다 보면 생활비 이상의 돈을 만지기 어려운 게 현실이다. 그것을 알고 있는 젊은 세대들이 재테크에 열광하기 시작한 것이다.

20여년전에 <부자아빠 가난한 아빠>라는 책을 쓴 로버트 기요사키가 "돈으로부터 자유로운 인생을 위해 투자자가 되어야 한다"라고 했지만 이제 투자자가 되는 일은 '선택'이 아닌 '필수'가 되어 버렸다. 젊은 세대들은 원해서 투자자가 된 것이 아니라 떠밀려 투자자가 되어 버린 것이다.

로버트 기요사키가 "직장인은 돈과 시간이 없어 제일 위험한 직업군이다" 라고 말하던 직장인은 되고 싶어도 되기 힘든 직업군이 되어가고 있다. 코로나 사태로 비대면 사회가 되면서 직업군의 대변혁 시대가 된 것이다. 비대면 시대는 비대면으로 투자가 가능한 모든 투자처에 대한 귀와 눈을 열어 두어야 한다.

> 지혜로운 투자는 가격이 쌀 때 매수에 관심을 갖고 누구나 사고 싶어 안달이 날 때 매도하는 것이다.

2. 왜 지금 하와이 부동산인가?

해외 부동산 중에서 우리가 하와이 부동산에 관심을 가져야 하는 첫 번째 이유는 하와이 부동산은 달러 베이스의 자산이기 때문이다. 앞에서 왜 달러에 투자해야 하는지에 대해 설명했다. 미국이 아직까지는 돈을 지속적으로 풀고 있어 실물자산 가격이 상승할 것이니 부동산 버블에도 올라타야 한다는 것. 이 두 가지를 갖춘 자산으로 하와이 부동산을 꼽은 것이다.

두 번째 이유는 아직 가격이 오른 것이 없다. 자산시장에서 오른 게 없다는 것보다 더 강력한 매수 요인은 없다. 코로나 사태로 경제가 멈추자 중국을 제외한 전 세계 각 국이 엄청난 양적 완화에 돌입했다. 시중에 돈이 넘쳐날 정도로 풀렸다. 요즘 한국도 은행으로부터 대출안내 문자 메세지를 수도 없이 많이 받는다. 은행에서 대출을 해주겠다는 안내를 지금처럼 많이 받았던 적이 없었다. 돈이 많이 풀리면 자산가격의 상승으로 이어진다.

양적 완화 덕분에 전 세계 각국의 주식과 부동산은 가격이 올랐다. 한국의 부동산 가격은 말할 것도 없고 미국 본토의 부동산도 이미 2020년부터 꾸준히 오르고 있다. 그런데 하와이 부동산은 코로나 사태로 관광객이 가지 못하자 부동산 가격이 폭락했다가 2021년 3월에 바닥을 치고 이제 겨우 상승하고 있는 중이다. 바닥권에 싸게 매물로 나와 있던 부동산 매물들은 지금 엄청난 속도로 거래가 활발하게 되고 있다.

주로 와이키키 지역을 중심으로 가격이 빠르게 상승하는 모습을 보여주고 있지만, 아직도 2019년의 가격 정도를 겨우 회복했을 뿐이다. 타 지역의 부동산은 폭락 없이 지속적으로 상승을 이어갔다. 그런반면 와이키키 지역은 폭락했다가 올라가는 것이므로 아직 2019년 가격과 비교하면 오른 게 없는 수준이다.

2021년 3월 이후, 미국은 봄방학을 시작으로 하와이로 관광객들이 몰려들기 시작했다. 미국의 코로나 신규 확진자 수가 25만~30만 명대에서 백신 접종률이 꾸준히 증가하면서부터는 최근 4,000~25,000명대로 급격하게 줄었다. 그래도 아직 다른 나라로의 여행은 자유롭지 못하다. 그러자 해외와 비슷한 분위기를 낼 수 있는 하와이가 관광 1순위로 부각되면서 미국 본토 관광객만으로 관광객 수가 2019년 수준까지 회복하였다.

이와 같이 하와이로의 관광객 수가 3월 이후 급격히 늘어나면서 와이키키 지역의 부동산 시장에도 급변동이 일어나고 있다. 특급호텔들이 영업을 재개했지만, 코로나 사태를 내부정비를 위한 기회로

삼아 리모델링에 들어간 할레쿨라니 호텔의 경우에는 아직 오픈을 하지 못하고 있다. 이렇게 리모델링 일정이 지연되어 오픈에 차질을 빚고 있는 호텔들이 있다 보니 관광객들을 수용할 수 있는 호텔 가격은 천정부지로 올랐다. 미국 내에 돈이 많이 풀려 있어서 그러잖아도 물가가 상승하고 있는 중인데 호텔마저 부족한 하와이의 숙박비 역시 오를 수밖에 없다. 인터넷에 올라오고 있는 호텔비의 가격대가 이미 2019년도의 가격보다 한참 높아진 가격인 것을 알 수 있다. 부동산 가격은 아직 2019년 가격을 겨우 회복 중인데 호텔비는 이미 2019년 가격을 훌쩍 넘어 버린 것이다. 앞으로 와이키키의 부동산 가격도 이에 맞는 수준으로 상승할 것이다.

코로나 사태는 '사상 초유'라는 말이 어울리는 단어일 정도로 처음으로 비행기까지 멈추게 했던 엄청난 사건이었다. 인류학자들은 19~20세기에 걸쳐 가장 위대한 발명으로 비행기를 꼽는다. 전기, 전화, 컴퓨터, 인터넷도 있고 그 밖에 엄청난 발명들이 있지만, 비행기는 전 세계를 거의 일일생활권으로 만들어 세상을 바꾸어 놓은 발명에 해당한다. 그런 비행기가 멈추자 경제에 동맥경화 현상이 벌어졌고 가장 주목받던 관광지인 하와이의 경제는 마비될 지경이 되었다. 비행기가 발명된 이후 비행기가 하와이로 뜨지 못했던 적은 아직 한 번도 없었다. 심지어 세계 2차 세계대전 중에도 하와이에는 비행기가 떴다.

인류는 지혜롭다. 이번에 바이러스로 인해 경제가 마비되는 경험을 톡톡히 했다. 한 번은 이렇게 당했지만 앞으로는 새로운 바이러스가 나와도 비행기까지 멈추는 일은 발생하지 않을 것이다. 비행기가 멈춤으로 인한 경제적 피해가 계산할 수 없는 정도였다는 것을 세계는 경험했다. 그 손실금액의 몇 천, 몇 만분의 일만 바이러스 연구를 하는 기관에 투자되어도 이와 같은 사태를 미연에 방지할 수 있다. 앞으로 그런 기관들은 지속적으로 만들어질 것이고 비행기를 멈추게 하지 않고도 팬데믹을 막을 수 있는 방법을 연구하여 우리를 안전한 방향으로 안내할 것이다. 이번 바이러스만 해도 그 흔한 마스크 한 장으로 전염을 막을 수 있을 정도였잖은가?

인류의 위대함은 이뿐만이 아니다. 백신개발이 시작되고 보급 가능한 백신이 나올 때까지 보통 10년이라는 시간이 걸리는데, 이번 코로나 바이러스의 경우에는 워낙 사태가 심각해지면서 세계 각국이 백신 개발에 몰두했고 1년만에 보급되게 만들었다. 미국의 경우 2008년 금융위기 때보다 6배나 많은 천문학적인 돈을 풀고 있다는 사실만 봐도 이번 폐해가 얼마나 컸는지를 말해준다.

비행기가 멈추지 않는다면 관광지로써의 하와이 위상은 건재할 것이다. 미국 본토국민 관광객들 만으로도 이미 북새통을 이루고 있는 하와이를 실시간으로 볼 수 있는 시대다. 유튜버들이 너도나도 현지 사정을 실시간으로 방송해 주고 있다.

지금은 한국도 해외를 다녀오면 2주간의 자가격리를 해야 하니 해외 여행으로부터 자유로울 수가 없다. 그러나 앞으로 백신 보급률이 증가하면서 결국 한국도 2주간의 격리를 해제할 것이다. 또한 아직은 신규 확진자 수가 줄어들지 않고 있는 일본도 곧 백신 보급률이 증가하면서 여행 제한이 풀릴 것이다.

하와이는 경제의 70%가 일본 자본이라고 할 만큼 일본인이 좋아하는 관광지이다. 미국 본토에 이어 일본이 여행자유화가 시작되면 하와이 관광객은 급격히 더 늘어나게 될 것이다. 관광객이 늘어난다는 것은 와이키키 지역의 부동산 가치가 상승하게 된다는 것을 의미한다. 그러니 와이키키 지역의 부동산은 2020년 침체기를 벗어나 곧 날개를 달 것이다.

여의도 면적은 와이키키 지역 면적과 비슷하고 섬이라는 것도 비슷하다(카카오 지도).

와이키키 지역도 섬의 모습을 하고 있으니 수요가 늘어도 공급이 늘어날 수 없는 구조인 것이다.

여기에 전 세계인에게 관광지로 사랑을 받는 곳이라 세계 각지에서 사람들이 몰려드는 곳이니 제한된 땅으로 인해 수요가 늘어나면 가격은 상승할 수밖에 없는 구조를 갖고 있는 지역이다.

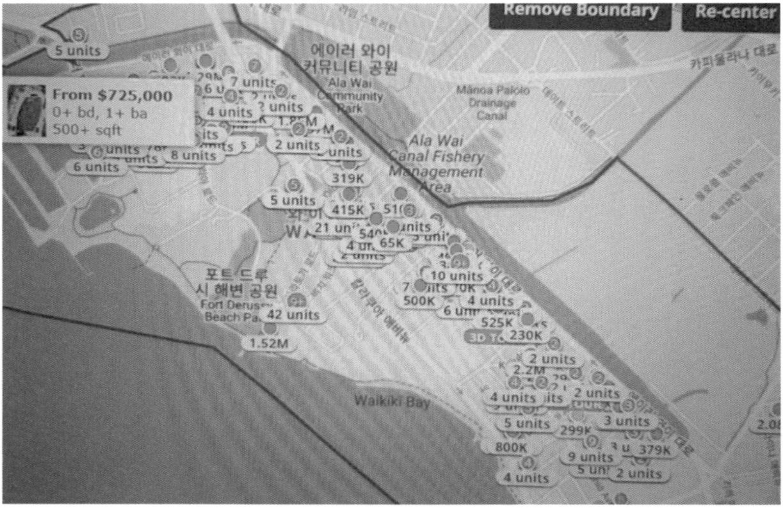

여의도처럼 섬모습인 와이키키 지역의 지도(앞에는 와이키키 비치가 있고 뒤로는 알라와이 운하가 있다(지도출처 Zillow.com)

모든 자산의 가격은 수요와 공급에 의해 결정된다. 부동산에 문외한인 사람이 보더라도 땅이 이렇게 한정된 곳에 수요가 몰리게 되면 가격은 상승할 수밖에 없다.

3. 하와이 한달살기

부동산 가격상승과 에어비앤비 수익은 덤

하와이 여행을 갔을 때 와이키키 비치가 내려다보이는 한 아파트로 초대받아 간 적이 있다. 마침 크리스마스이브여서 파티 분위기도 좋았고, 맛있어 보이는 음식들도 많았지만 그런 것들은 하나도 눈에 들어오지 않고, 그곳에서 바라보는 와이키키 비치의 아름다움에만 감탄사를 연발했던 기억이 있다. 그리고 그때의 감동은 그 이후의 어떤 여행에서도 느껴보지 못했던 특별함이 있었다. 그만큼 와이키키 비치는 내게 인상적이었다. 그리고 와이키키 비치가 왜 세계적인 명소인지 그때 비로소 알았다.

와이키키 비치는 산호색 바다 색깔과 아이들도 뛰어놀 수 있을 정도로 얕은 물이 끝없이 펼쳐져 있고, 완벽한 샤워 시설이 갖추어진 비치이다. 게다가 파도도 다양해서 전 세계적으로 서핑족들의 사랑을 받는 곳이기도 하다.

크리마스이브 와이키키 전경. 매년 크리스마스 연말 연초가 되면 와이키키 비치는 만원이 된다.

이렇게 높은 곳에서 내려다보기 전까지는 와이키키 비치가 얼마나 멋진지 알기 어렵다. "와이키키 비치는 해운대랑 똑같네!" 하는 여행자도 있다. 해운대 비치의 바다 색깔이 이렇게나 맑고 깨끗한 산호색 비치였던가? 해운대 비치가 어린아이도 안전하게 놀 수 있을 만한 깊이였던가? 기억이 가물가물하다.

크리스마스이브 오후가 되면 전세계에서 몰려든 관광객으로 와이키키 비치는 발 디딜 틈이 없어진다.

와이키키비치 야외 공연장 근처 비치 모습

파도를 막는 방파제를 바다 쪽으로 설치하여 갓난아이를 동반한 가족 단위로 해수욕을 안전하게 즐길 수 있는 와이키키 비치 전경

오후에는 와이키키 비치는 인산인해를 이룬다. 와이키키 바로 앞 고층아파트 포스터타워(Foster Tower)에서 내려다본 전경

오전 시간 한가할 때의 와이키키 비치. 바다 색깔이 그림 같은 산호색이다.

짧은 일정으로 하와이 여행을 가는 경우에는 와이키키 비치에 발 한번 담가보지도 못하고 돌아오는 사람들도 많다. 하와이에는 와이키키 비치 말고도 미국에서 가장 아름다운 비치 3위안에 랭크되는 비치들이 있어 볼거리, 즐길 거리가 많기 때문이다.

전 미국에서 가장 아름다운 비치 3위안에 드는 카일루아 비치다. 와이키키 지역에서 좀 떨어져 있어 한가한 비치를 좋아하는 사람들에게 인기 있다. 카약을 빌려 플랫아일랜드나 사진에 보이는 토끼섬 거북이섬까지 다녀오는 액티비티도 한달살기 하면서 하면 좋은 추억이 된다. 단기간에 가면 물감을 풀어 놓은 듯한 비치 색깔만 눈으로 즐기고 오기 바쁘다.

하와이에서 부자마을로 카할라 마을에 이어 둘째가라면 서러워 할 마을이 하와이 라니카이 마을이다. 이 지역의 집값은 최소 20억 원에서 150억 원을 호가하는 지역으로 마을 앞에는 산호색의 환상적인 라니카이 비치가 있다. 역시 카일루아 비치와 함께 미국에서 가장 아름다운 비치 상위에 이름을 올리는 비치이다. 하와이 부동산 가격이 어마어마한 곳은 바로 이런 동네이다.

라니카이 마을 뒤로는 필박스라는 등산로가 있어 등산 갔다가 찍어본 사진이다. 이런 비치들을 보면 와! 하는 탄성이 절로 나오게 한다.

Pillbox Hiking Trail - 라니카이 마을 뒤편의 등산로다.

이름만 대면 알 수 있는 와이키키 비치, 카일루아 비치, 라니카이 비치 말고도 하와이는 알려지지 않은 보물 같은 비치들이 많다. 다음 사진은 기암절벽에 이어 모래사장으로 이어진 샌디 비치. 이름처럼 모래 사장이 끝도 없이 이어져 있는 비치다.

8개 부분 오스카상을 수상한 <지상에서 영원으로>라는 영화를 촬영했던 촬영지이고, <첫 키스만 50번째>라는 영화의 촬영지이기도 했던 '할로나 비치 코브'다.

오아후섬 동쪽 해안도로 일주를 하다가 멈추어 사진만이라도 찍게 되는 비치다. 한달살기 하면 돗자리 하나 가져가 전날 넷플릭스에서 본 이런 영화들을 음미하며 한나절 보내도 좋은 한적한 비치다.

와이키키 비치. 한 중심에는 사람이 붐비지만, 카피올라니 공원 쪽 비치는 와이키키 비치 중에서도 스노클링도 가능하고 한적하다.

자연경관 못지않게 좋은 것이 하와이의 기후이다. 사계절 연평균 25도 정도로 기온 차가 크지 않다. 겨울이 있지만, 한국의 초가을 정도의 날씨라 사람이 살기에는 최적의 기온인데다 여름은 한낮에 기온이 올라가도 그늘에만 있으면 불어오는 바람이 상쾌하게 느껴진다.

자연경관 못지않게 좋은 것이 하와이의 기후이다. 사계절 연평균 25도 정도로 기온 차가 크지 않다. 겨울이 있지만, 한국의 초가을 정도의 날씨라 사람이 살기에는 최적의 기온인데다 여름은 한낮에 기온이 올라가도 그늘에만 있으면 불어오는 바람이 상쾌하게 느껴진다.

공기는 깨끗해서 사진만으로도 공기가 얼마나 신선한지가 느껴질 정도다. 봄철만 되면 황사와 미세먼지로 골머리를 앓는 한국의 공기와는 차원이 다르다. 그냥 숨만 쉬고 있어도 건강해질 것 같다. 천고마비의 계절이라는 한국의 가을 하늘이 맑고 높다고 해도 하와이의 하늘과는 비교할 수 없다. 동쪽 삼림 지역은 구름이 산맥에 가로막혀 비가 많이 내리는 반면 와이키키 비치를 중심으로 서쪽 지역은 사막기후처럼 비가 와도 잠깐 스쳐 가듯 내리다가 이내 개인다. 그런 면에서 와이키키 비치는 해수욕장으로 천혜의 조건을 가지고 있다. 여행을 갔을 때 찍어온 사진처럼 하와이는 연중 이렇게 맑고 쾌청한 날들이 대부분이다.

그럼 만약 하와이에서 "한달살기"를 한다면 먹거리는 어떨까? 하와이는 다민족들이 어우러져 사는 곳이다. 한국 교민도 5만 명 정도나 되다 보니 한국식당도 꽤 많다. 전 세계 각국의 사람들이 모여 살다 보니 각국의 레스토랑들도 거의 다 있는 편이다.

"옷은 남의 눈에 좋은 것을 입고 음식은 내 입에 좋은 것을 먹으라"고 했다. 그동안 익숙해진 입맛 때문에 음식이 입에 맞지 않으면 어느 곳이든 오래 머물 수 없다. 그러나 하와이는 글로벌 프렌차이즈 식당들이 있고 웬만한 푸드코트에는 한식 코너가 있다.

한국에도 들어와 있는 캘리포니아 피자 키친도 와이키키 한 중심에 있다.

이 밖에 프렌차이즈 식당으로 한국에도 지점이 있어 한국에서도 종종 가곤 했던 식당들이 와이키키에는 많다.

와이키키 P.F.CHANG : 서울 삼성동 코엑스몰에도 있는 P.F, CHANG 퓨전 중국음식점도 있다

와이키키 내에 오가다 길에서 만날 수 있는 식당이다. 뉴욕스테이크가 $19.95다. 이런 가격으로 뉴욕스테이크를 먹을 수 있는 식당이 한국에 있을까? 푸드코트에서의 스테이크는 이 가격보다 더 저렴하다. 이런 고기류 메뉴는 한국보다 하와이가 저렴하다.

하와이 3대 스테이크 레스토랑 중 한 곳인 울프강 스테이크 하우스. 와이키키 한 중심 로얄하와이안 쇼핑센터 내에 있다.

가끔은 이런 럭셔리한 식당에서 호사를 누리고 싶다면 울프강이나 치즈케익팩토리 같은 미국 프랜차이즈 레스토랑을 찾으면 된다.

울프강의 런치스페셜 메뉴 $21.99

짧게 하와이 여행을 할 때에는 관광이 우선이니 점심때보다는 저녁에나 $57.99(세금과 팁은 별도) 하는 뉴욕 서로인 스테이크(New York Siroin steak)을 먹을 수밖에 없다. 둘이서 음료수에 세금 팁까지 계산하면 한 끼 식사비가 20만 원정도 나오는 식당이다. 그런데 하와이 한달살기와 같이 시간적인 여유가 많은 경우에는 점심시간에 가면 된다. 런치 스페셜 메뉴인 '휠레미뇽 샐러드'나 '뉴욕스테이크 샐러드'($21.99)는 반값에 즐길 수 있다. 반값으로 성인 남성도 충분히 배부르게 먹을 수 있는 스테이크 샐러드를 최고급 식당에서 주문할 수 있는 것이다. 하와이는 물가가 비싸다. 하지만 전부 그런 것은 아니다. 인터넷에 널려 있는 좋은 정보를 활용하여, 한달살기를 하면 가성비 높은 최상의 한달살기를 할 수 있다.

물론 하와이에서 비싼 레스토랑의 가격은 한도 끝도 없다. 울프강 스테이크 하우스만 해도 점심때가 아니면 한 번은 가도 두 번 가기는 좀 버거운 가격대인 레스토랑이다. 하지만 섬 북쪽에 새우 양식장들이 많아 새우요리로 유명한 하와이는 입안 얼얼한 매운 새우요리도 $12~15이면 즐길 수 있다.

지오바니 새우트럭의 스파이시 쉬림프는 정말 입안이 얼얼할 정도로 맵다. 밥이 보약이라 믿는 한국인에게 밥 두 스쿱은 충분한 한 끼 식사가 된다.

햄버거를 좋아한다면 선택의 폭이 넓은 곳이 하와이다. 하와이 3대 햄버거집이 와이키키 내에 있다.

하와이 3대 버거집중 한 곳 치즈 버거인 파라다이스. 와이키키 비치 한중심 콘도 포스터타워 1층에 위치해 있다.

하와이 3대 버거 집중 하나인 테디스 비거 버거 - 이 지점은 다운타운쪽에 있는 지점이고 와이키키점은 와이키키 끝자락 동물원 맞은 편에 있다.

나머지 한 개는 할레이바 마을과 워드 빌리지쪽에 지점이 있는 <쿠아아이나 버거>이다.

이 밖에도 피자헛, 아웃백 등 글로벌 프렌차이즈 식당들이 많이 있다. 격식을 차려야 하는 식당 말고도 맑디맑은 하늘과 상쾌하게 불어오는 바람을 맞으며 야외 음식점에서 한국인 입맛에 맞는 음식을 먹어도 초라하지 않다. 여긴 하와이니까. 하와이는 누추해 보일 것 같은 모습도 낭만으로 변하게 하는 마법이 있는 곳이다.

트럼프 인터내셔널 호텔 뒤쪽에 야외 푸드트럭이 있다.

가격도 $10대의 부담스럽지 않은 가격으로 한 끼 식사를 즐길 수 있다. 와이키키 중간중간에는 이렇게 푸드트럭에서 음식을 팔고 있는 장소들이 몇 군데 있다. 야외 푸드트럭에서는 다양한 메뉴를 적당한 가격에 팁 없이 즐길 수 있다. 물론 하와이 레스토랑은 음식값에 팁이 의무적으로 15~20% 추가 지불해야 하므로 비싸다. 그렇지만 한달살기하면서 매번 관광객모드로 고급식당을 다닐 일은 없을 테니 이런 소박한 식당도 알아 두면 좋을 것이다.

푸드 트럭에 있는 식당의 메뉴와 가격표

야외식당이 싫다면 와이키키 한 중심에 있는 로얄하와이안 쇼핑센터 3층의 푸드코트에서의 식사도 괜찮다. 시원한 에어컨 시설에 깨끗하게 관리되는 이런 푸드코트에서는 팁을 따로 지불하지 않아도 되고 가격이 아주 저렴한 편이다.

한국 바베큐부터 일본 라멘, 미국 햄버거는 물론 태국, 베트남, 멕시코 음식까지 선택의 폭이 다양하면서 가격도 적당한 푸드코트가 곳곳에 있다. 대표적인 푸드코트로는 와이키키 한 중심의 로얄하와이안 쇼핑센터 3층과 알라모아나 쇼핑센터 1층 푸드코트이다.

와이키키 한 중심 로얄하와이안 푸드코트 내에는 한국 바비큐 메뉴를 파는 코너도 있다.

커리카페 - 일본 스타일 카레음식

베트남 쌀국수 코너

멕시칸 타코코너

와이키키 쿠히오 거리의
또 다른 푸트트럭

인터내셔널 마켓플레이스의 스넥바

외식보다는 집밥이 먹고 싶으면 한인 슈퍼마켓을 이용하면 된다. JCB 신용카드를 만들면 알라모아나 쇼핑센터부터 와이키키까지 운행하는 트롤리를 2인까지 무료로 타고 다닐 수 있다.

쇼핑센터 뒤에는 월마트가 있다. 그리고 한 블럭 떨어진 곳에 한인 슈퍼마켓과 일본 슈퍼마켓이 있으니 걱정할 것이 없다.

에어비앤비로 예약을 하게 되면 요리를 해먹을 수 있는 주방 기구들이 갖춰진 곳이 많다. 토스터, 커피포트 심지어 다리미까지 다 구비되어 있다. 내가 구매한 콘도텔을 관리하는 매니저는 비치체어에 부기보드까지 세팅해 두고 에어비앤비를 운영하고 있다.

그러니 식당 음식에 질릴 때쯤 되면 한인 슈퍼마켓에 가서 한식 재료를 사다가 입맛에 맞게 해 먹으면 비용도 절약되고 음식도 입에 맞아 여행이 더 즐거울 것이다.

한인 슈퍼에서 파는 경기도 이천 쌀과 흑돼지 삼겹살

김치만 있으면 삼겹살로 한 끼 식사를 준비하는 데 $5이면 거뜬하다. 실내에서 냄새를 피우기 곤란하다면 비치 주변에 설치되어 있는 야외 바비큐 시설에서 캠핑 분위기를 내며 고기를 구워도 좋을 것이다.

하와이 슈퍼마켓에서는 한국 슈퍼마켓과 동일한 제품을 거의 다 갖추고 있다. 물론 운송비가 많이 들 테니 그만큼 가격은 감안해야 한다.

이렇게 식사를 해결하고나서 와이키키 비치의 파도에 몸을 맡기며 한가로이 수영을 즐겨도 좋고 서프 보드 하나 빌려 먼 쪽 바다로 나가 서핑에도 도전해 보면 제대로 즐기는 한달살기가 될 것이다.

한달살기를 하다 보면 에어비앤비가 가능한 빌딩 옆에 하루 $20이면 하루종일 서프보드를 빌려서 놀 수 있다. 와이키키 비치에서는 하루종일 빌리려면 $75~100이나 한다. 놀이 기구도 어디서 빌리는가에 따라 생활비는 반 이하로 줄어든다. 어느 식당에서 또는 같은 식당이라도 어느 시간대에 식사하느냐에 따라 비용이 달라 진다. 돈이 많아 그런 것까지 신경 쓰지 않는 생활자라면 왕처럼 대접받으며 한달살기를 누리면 된다. 현명한 투자 못지않게 지혜로운 소비가 되게 할 생활자는 한달이 아니라 두달살기를 해도 가성비 높은 생활을 할 수 있으니 선택에의 문제이다.

힐튼 하와이안 빌리지 길 건너편 건물 와일라나 빌딩 1층에 서프보드 렌탈샵인데 하루 서프보드 빌리는 값이 $20로 저렴하다. 이 샵은 처음 발견했을 때부터 10년 넘게 $20이었는데 코로나 사태 후에는 조금은 올려 받고 있을 거라는 예상도 된다.

첫번째 콘도텔을 매입한 아쿠아팜(Aqua Palms) 빌딩 옆 건물에 서프보드를 하루 $20에 빌려주는 렌탈 샵이 있다. 힐튼 하와이안 빌리지내 렌탈샵이나 와이키키 비치 주변은 관광객들을 상대로 하는 샵들이니 로컬들이 주로 이용하는 샵에서 빌려서 하루종일 지칠 때까지 사용하다 반납하면 된다.

에어비앤비 사이트에서 콘도텔을 한달동안 빌리려면 보통 330만원정도 한다. 장기임대가 가능한 콘도를 가진 소유주들이 내놓는 가격이다. 만약 이런 장기임대만 가능한 콘도에서 허가없이 하루단위의 단기렌트를 하는 것은 불법이고 이를 위반하여 첫번째 적발시 하루에 $1,000씩 벌금이 부과된다. 첫 번째 이후 계속 불법 운영을 하다 적발되면 하루 최대 $10,000의 벌금이 부과된다. 그러니 에어비앤비는 합법적인 허가를 받아서 운영해야 하고 고객들도 합법적인 에어비앤비 업체를 이용하여야 한다.

그러나 에어비앤비를 막 시작하는 소유주를 만나게 되면 비싸지 않은 가격에 한달살기를 할 수 있다. 처음 콘도텔을 구매하면 클로징이 된 후부터 예약이 가능하니 공실이 생길 수 있다. 그렇다면 클로징이 된후 한달살기를 하는 분들에게 싸게 세를 놓으며 시간을 벌수 있다. 한 달 뒤부터 예약을 받으면 콘도텔을 매입한 소유주는 공실이 생기지 않아서 좋고, 한달살기를 하는 사람은 싸게 머물러서 좋다.

매년 12월 둘째 일요일에 열리는 호놀룰루 국제 마라톤 대회가 열리고 있는 와이키키의 카피올라니 공원이다.

하와이에서는 매년 12월 두 번째 일요일에 호놀룰루 마라톤 대회가 열리는데, 참가자들중 일본인의 수가 반은 차지한다. 이 대회에 참석하는 사람들이 많으니 일본에서는 전세기까지 띄울 정도다. 일본이 코로나에서 벗어나면 이런 모습은 재연될 것이다. 마라톤 피니시 라인이 있는 카피올라니 공원에서는 무료 음악공연이 벌어진다. 마라톤을 끝낸 사람들과 응원하러 나온 시민들을 위해서다.

와이키키 끝자락 카피올라니 공원 야외 공연장

이런 야외 공연장 말고도 저녁 어스름이 되면 와이키키 무료 공연장에서 하와이안 전통춤 공연이 있다. 요일별로 와이키키 한 중심에서 하와이안 노래와 훌라춤 공연을 감상할 수 있는 프로그램이다. 무료 야외공연장은 와이키키 비치 뿐만 아니라 로얄 하와이안 센터, 인터내셔널 마켓 플레이스, 야드하우스 앞에도 무료 야외 공연장이 있어서 심심할 겨를은 없다. 하와이에서는 숙소에서 TV를 켤 시간이 없다.

공연장의 흥겨운 하와이안 노래와 훌라춤에 감동받고 뒤쪽 와이키키 비치를 바라보면 노을지는 서쪽 하늘 풍경에 두 번 감동을 받게 된다.

와이키키 중심 반얀트리 나무아래의 야외 공연장

와이키키 비치의 노을지는 장면은 가히 장관이다.

와이키키에서의 생활이 지루할 때쯤 되면 버스를 타고 떠나보자. 일일 버스패스($5)를 사서 하루종일 섬일주를 해도 좋을 일이다. 아예 한달짜리 버스패스를 구입해도 좋다(단, 한달패스는 매월 1일부터 말일 기준이니 하와이 도착 날짜를 따져서 구매해야 한다). 하와이에서 버스를 탈 때 현금 $2.75을 지불하면 2시간 이내에 환승할 수 있는 티켓을 한장 준다. 그런데 잔돈을 미리 준비해야 하니 불편하다.

1달러짜리 지폐를 준비해야 하는데 돈넣는 기계에 1달러가 아닌 $100를 넣게 된 적이 있다. 다이아몬드헤드 등산을 가려고 버스를 탔다. 1달러짜리 지폐 한장을 넣고 두 번째 지폐를 막 넣으려고 하는데 100달러 짜리 지폐가 기계 안으로 들어가는 것이 보였다. 빨아들이는 힘이 어찌나 강한 지 그대로 잡아당겼다가는 돈이 찢어질 것 같아서 그냥 넣고 말았다. 그 버스에 100달러를 거슬러 줄 거스름돈이 있을리 만무하다. 하와이에서는 잔돈을 준비해서 버스에 탑승해야 한다. 버스기사에게 “내가 $1지폐를 넣어야 하는데 $100지폐를 넣었으니 확인해 달라”고 하자 서비스센터에서 신청하면 돈을 되돌려 받을 수 있다고 친절하게 설명을 해 주신다. 버스기사들은 돈통에 손을 댈 수 없도록 되어 있단다.

일단 다이아몬드헤드 등산을 하고 내려와 다시 버스를 타고 커스토머 서비스 센터를 찾아갔다. 자초지종을 말하니 특별한 입증과정 없이 주소를 적어 두고 가면 돈을 다시 돌려 준단다. 돈을 바로 주는 것은 아니고 법원에서 판결이 나온 후 줄 수 있다는 설명이다. 한달후 하와이 숙소로 우편이 도착했다는 소식을 들었다. 이듬해 다시 하와이를 갔을 때 우편으로 온 체크를 은행에 가져가 현금으로 받았던 적이 있다.

하와이의 버스는 복지차원에서 운행되므로 운전기사도 공무원이다. 원래 하와이 주민들이 느긋하지만 이들도 급한 기색이 없다. 장애인이 승차할 때는 충분한 시간을 주어 탑승할 수 있도록 도와준다. 자전거를 차 앞에 매달려고 하는 승객이 탑승할 때는 같이 도와서 자전거를 버스앞에 같이 매달아 주고, 휠체어를 탄 승객이 탑승할 때는 버스 높이를 낮추어 태운후 휠체어를 움직이지 않게 버스안에 고정시켜 주는 일까지 친절하게 도와준다.

호놀룰루 공항에 도착하면 택시를 타지 않아도 버스를 타고 와이키키에 갈 수 있다. 공항에서는 와이키키로 가는 버스도 자주 있다. 호놀룰루 공항에서는 19번과 20번 버스가 와이키키까지 간다. 공항에 잔돈을 바꿔주는 기계까지 설치되어 있다. 잔돈이 없으면 이 기계에서 미리 준비해서 탑승하면 된다. 단, 19번과 20번 버스는 공항을 한 바퀴 돌아 반대 방향으로 가는 차도 있다. 그러니 버스 앞부분 안내판에 <WAIKIKI>라고 쓰여졌는지 확인해야 한다.

콘도텔의 투자는 하와이 한달살기를 할 때 비용 중 가장 큰 부분을 차지하는 숙소비 문제가 해결된다. 콘도텔을 가지고 있으면 한달살기 비용은 한국살이와 별반 차이가 없어진다. 그리고 그 정도 비용은 나머지 비워 두는 기간을 에어비앤비로 운영하여 그 이상의 수익을 올릴 수 있다. 하와이 콘도텔은 수익성 부동산이면서 부동산 가격의 상승의 수혜도 누릴 수 있는 투자자산이다.

하와이의 더 버스(The Bus) : 오아후 섬은 대중교통 시스템이 아주 잘 갖춰져 있다.

'재테크'라고, '투자'라고 해서 '돈버는 것만 생각하다 가는 인생'은 씁쓸하다. 워라벨과 파이어(Financial Independence Retire Early)족을 꿈꾸는 투자자에게 어울리는 투자처가 된다.

이웃 섬들과는 달리 호놀룰루 공항이 있는 오아후섬은 하와이 인구 80%가 모여 살기 때문에 대중교통 시설이 아주 잘 되어 있는 편이다. 다만 노선은 많아도 차가 자주 있지는 않다. 승객이 많은 곳은 30분에 한 대꼴로 운행을 하고. 주로 한 시간에 한 대 운행을 한다. 빨리빨리에 익숙해 있는 한국인이라도 하와이 버스 여행에서는 내려서 충분히 느긋하게 구경하고 또 다음 버스를 천천히 기다면서 여행하는 것이 좋다.

버스를 타고 동쪽 해안도로부터 돌면 바다와 어우러진 빼어난 자연경관에 마음을 빼앗겨 넋을 잃고 바라보며 앉아있게 된다. 이 해안도로는 렌터카를 해서라도 꼭 돌아봐야 한다. 반대 방향인 돌 플랜테이션 쪽으로 섬 일주를 버스타고 해도 된다. 중간 지점까지 가는 데 2시간 걸리니 버스로 섬 일주는 하는 데만 4시간이 걸린다.

중간중간 내릴 곳들은 돌 플랜테이션에 내려 파인애플 농장을 구경하고, 할레이바 마을에 들러 마츠모토 아이스, 쿠아아이나 아보카도 버거도 먹고, 지오바니 새우 트럭에서 새우요리를 먹어도 되고, 거북이 비치에 가서 해변에 나와 있는 거북이를 보고, 와이메아 비치에 내려 석양을 따라 거닐고, 비치 건너편에 있는 와이메아 벨리에 가봐도 좋다. 시간되면 샥스코브에서 스노클링도 해보고, 선셋비치에 내려 엄청난 파도와 프로 서핑선수들이 서핑하는 것을 구경하거나 운 좋으면 서핑 세계대회를 참관하게 될 수도 있다.

와이메아 벨리 : 와이메아 비치 건너편의 와이메아 벨리에 입장료를 내고 들어가면 끝에 이렇게 계곡물에서 수영하는 사람들을 만날 수 있다.

썬셋비치 - 파도가 워낙 세서 주의하라는 경고 깃발을 세워 두었다. 서핑이 수준급 이어야 도전이 가능한 정도의 파도가 치는 해변이다.

터틀베이 리조트 풀장 – 이 지역은 노스쇼어 쪽이라 바다의 파도가 와이키키와는 차원이 다르게 무척 세다.

이름이 터틀베이 리조트라고 해서 거북이를 볼 수 있는 해변은 아니다. 해변에 거북이들이 나와 있는 모습을 볼 수 있는 해변은 할레이바 마을을 지나면 있는 라니아케아(Laniakea Beach)이다. 거북이를 보겠다면 터틀베이 리조트로 가면 안 된다.

노스쇼어 쪽에 있는 리조트 단지로 골프장과 주변에 즐길 수 있는 비치들이 함께 있는 리조트 단지

카후쿠 새우 트럭에 내려 새우 양식장도 보고 새우요리도 먹고, 트로피칼 팜(커피농장)에 내려 무료 커피도 마시고 하면서 버스를 타고 섬 일주를 하면 된다. 버스 타고 갈 수 있는 곳은 이 밖에도 65번 버스를 타고 종점에 내려갈 수 있는 <뵤도인 템플>이 있다.

뵤도인 템플 가는 길과 하와이이 뵤도인 템플 - 일본 교토 우지에 있는 절 뵤도인을 모방하여 지어놓은 절이다. 이 곳이 공원묘지이고 부동산도 신탁회사 소유인데 신탁회사 소유주가 일본인인 모양이다. 이 절의 입장료는 $3 이다.

교토 우지에 있는 보됴인 - 2017년 교토여행때 찍은 사진.

하와이는 뭐니 뭐니 해도 바닷가 액티비티인 관광지다. 바닷가 액티비티중 누구나 가능한 것은 스노클링이다. 가격 비싼 ABC 스토어에서 말고 월마트에 가서 스노클링 장비를 사면 되는데 에어비앤비 콘도텔에는 대부분 스노클링 장비까지 세팅이 되어 있으니 그것을 이용해도 된다.

이곳에서 스노클링을 해보면 다른 곳에서의 스노클링은 시시해진다. 와이키키 라크록스(La Crocs, 변경전 이름 : 게이트웨이)호텔 앞에서 출발하는 22번 버스를 타고 가면 된다. 입장료는 $7.5이고, 출발전 '자연을 훼손하지 말라'는 내용의 비디오 교육이 있다. 사진찍기를 좋아한다면 누구나 찍어오는 위치에서 말고 그 반대방향에서 이렇게 사진을 담아보는 일도 즐거울 것이다.

바다보다는 산을 좋아하는 사람이라면 하나우마 베이 우측으로 나있는 등산로를 따라 트레킹을 해도 좋다. 이 밖에도 바닷가를 끼고하는 트레킹을 좋아한다면 자연경관과 만날 수 있는 서쪽 끝 카에나 포인트 트레킹에 나서 볼 일이다. 천연기념물 새들 서식지도 있고 끝지점까지 2시간 정도 걸어가면 야생 하와이안 뭉크씰을 만날 수 있다. 귀엽다고 가까이 가거나 만지면 안된다. 야생이라 귀여운 생김새와는 달리 경계심이 강해 달려들 수 있으니 위험하다.

오아후섬 서쪽 끝 카에나 포인트에서 만난 야생 하와이안 뭉크씰

서쪽 지역에는 카에나 포인트 말고도 중간중간 한번 쯤은 가볼 만한 비치들이 있다. 에바 비치, 마카하 비치를 포함하여 이름이 크게 알려지지 않은 숨은 진주 같은 비치들이 많이 있어 이곳들까지 다 둘러 보려면 한달살기로도 시간이 부족하다.

마카하 비치는 직행버스가 있다. 완행버스는 시간이 많이 걸린다. 영어 대문자 E라고 표시된 버스를 타면 된다. 모든 버스는 알라모아나 쇼핑센터에서 출발한다.

에바비치 : 현지주민들만 찾는 비치를 가보고 싶다면 하루쯤 시간내서 버스타고 서쪽 지역을 돌아보다 에바 비치에도 가보면 된다.

오아후 서쪽의 마카하 비치 : 버스타고 종점까지 가면 이런 비치가 나온다. 모래 사장의 넓이가 어찌나 넓은지 탐날 정도다.

마카하 비치에 가기 전에 있는 코올리나 지역 디즈니 리조트 주변들 등 서쪽지역도 버스를 이용하여 구경할만한 곳이 많다. 이 지역의 호텔들은 숙박비가 와이키키 비치쪽 호텔 못지않게 비싸다.

디즈니 리조트 : 서쪽 지역 코올리나에 있는 리조트 단지내 어린이들의 천국, 디즈니 리조트가 있다.

그 외에 이웃 섬 당일투어 등 여행사에 문의하면 훨씬 편하게 더 많은 액티비티에 참여할 수 있다. 이렇게 다양한 여행 상품을 이용하여 여행을 하다 보면 한달살기가 지루할 틈이 없다. 아니 한달이 부족하다. 이때 본인소유의 콘도텔을 가지고 있으면 과감하게 "한달 연장!"하고 싶은 마음이 절로 생길 것이다.

와이키키의 파도에서 익힌 서핑 실력으로 자신감이 많이 붙었다면 세계 서핑대회가 열리는 노스쇼어 선셋비치에서 집채 만한 파도에 몸을 맡기고 서핑에 도전해봐도 좋을 일이다.

오아후섬 노스쇼어 썬셋비치. 세계적인 서핑대회가 열리는 비치다.

하와이에는 등산 코스도 많다. 대표적인 곳이 다이아몬드 헤드와 코코헤드이다. 정상에서 내려다 보는 와이키키 전경은 가히 일품이다.

다이아몬드 헤드 : 성인 남성기준 왕복 1시간이면 올라갔다 내려올 수 있다.

다이아몬드헤드 길건너에서 매주 토요일에 열리는 KCC 파머스 마켓(KCC Famer's Market)에 들러보는 일도 하와이 여행의 재미를 더 해준다.

KCC대학교 옆 공터에서 열리는 KCC 파머스 마켓

탄타러스 언덕에서 바라본 다이아몬드 헤드

다이아몬드 헤드의 모습은 제주도 성산일출봉 모습과 비슷하다. 탄타러스 언덕은 호놀룰루의 야경을 감상하기 좋다. 동쪽 해안도로를 지나다보면 후지산과 비슷한 모습을 한 산이 하나 인상깊게 보인다. 코코헤드이다.

정상부근으로 올라갈수록 경사가 급해져 오르기가 쉽지 않다. 정상에 올라가셔 내려다 보는 하나우마베이와 하와이 카이 풍경이 일품이다. 하와이에 트레일 코스로는 이 밖에도 마카푸 등대 트레일(Makapu Lighthouse Trail)이 있는데 포장도로로 되어 있어 유모차를 끌고도 올라갈 수 있을 정도로 완만한 길이다. 가는길에는 그늘이 전혀 없기 때문에 오전 일찍 해가 없을 때 오르는 것이 좋다. 등산에 별 관심이 없다면 마카푸 룩아웃에서 풍광만 감상해도 좋다.

알라모아나 쇼핑센터 1층내 버스 커스토머 서비스센터나, 2번 버스종점 고객서비스 센터에 가면 이런 버스노선도를 구할 수 있다. 버스탈 때 1달러 지폐대신 100달러 지폐를 넣는 바람에 2번 버스 종점에 있는 커스토머 서비스 센터 사무실에 가니 이런 것을 무료로 주기에 노획물로 가져왔던 오아후섬 버스 노선표다. 지금 봐도 버스노선 정말 많다.

하와이 오아후섬에서는 버스 시스템이 잘 되어 있어 굳이 렌터카를 하지 않아도 된다. 유명 관광지는 거의 버스를 타고 갈 수 있다. 바다나 등산이 지루하면 한적한 공원 나들이도 하와이에서는 좋은 일정이 된다.

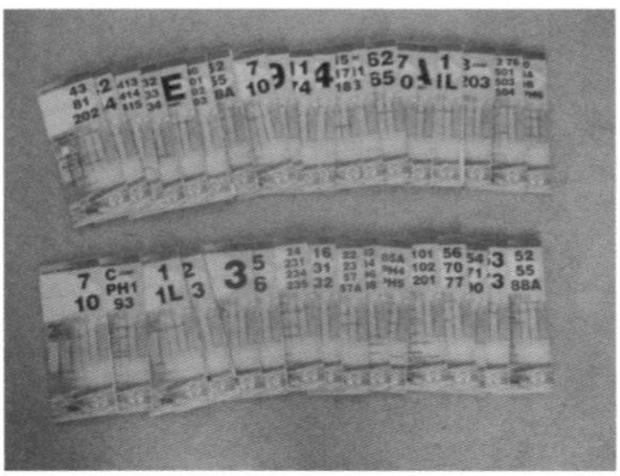

하와이 버스 노선도 : 이 노선도를 펼치면 버스 정류장과 정류장 통과하는 시간표가 나와 있다.

모아나루아 가든 - 일본 히다치 그룹이 이 공원 후원을 한다.
히다치 그룹의 회사 로고가 이 나무 모습이다.

하와이는 쇼핑 천국이다. 노드스트롬 백화점에서 팔다 이월된 제품을 파는 노드스트롬 렉(Nordstrom Rack)이 와이키키 한 중심에 있다. 그리고 멀지 않은 곳에 로스(ROSS)도 있다. 로스에서는 매주 화요일에는 시니어 데이라고 해서 만 55세 이상인 사람에게는 추가 10%를 할인해준다. 계산할 때 여권만 제시하면 된다.

다운 타운에 있는 ROSS와 노드스트롬 렉

다운타운에 있는 로스 건물 코너를 돌면 월마트도 있고, 차이나 타운도 있고 두 블럭 걸어가면 이올라니 궁전도 있으니 함께 묶어서 구경하면 좋다.

한 달짜리 버스 패스를 사서 다니면 펄리지(Pearlridge) 쇼핑센터에 있는 마샬, 티제맥스등도 들러 보물찾기하듯 쇼핑을 하다 보면 돈을 쓰면서도 어쩐지 돈을 벌어오는 듯한 쇼핑이 된다. 특히 알라모아나 쇼핑센터의 경우에는 구찌, 생로랑 등 브랜드 명품가방이 한국보다 보통 100만 원 정도 싸다. 한국에서 팔고 있는 가격과 인터넷 검색해서 비교까지 해주며 세일을 한다. 사고 싶었던 명품가방이 있었다면 비행기 값이 남는 순간이다. 하와이 쇼핑의 한 중심에는 와이켈레 아웃렛이 있다. 폴로랄프로렌, 타미힐피거, 케이트스페이스, DKNY, GUESS, COACH 등의 브랜드 샵이 있다. 한달살기로 한국에 두고 온 가족이 불현듯 생각날 때는 선물하기 그만인 가격대 들이다.

와이켈레 아웃렛은 물론 버스로 다녀올 수 있고, 1시간 30분정도 걸리고 기다리는 시간을 포함하면 2시간 정도 소요된다. 와이키키 갤러리아 면세점 앞에서 $10에 와이키키에서 왕복으로 와이켈레를 오가는 셔틀버스가 있는데 30분이면 가니까 시간도 절약된다. 돌아올 때는 시간 예약을 할 수 있다.

'백수가 과로사한다'고 여행에 지쳐 체력이 방전된 날에는 와이키키 비치로 나가 요트를 타고 돌고래가 헤엄치는 것도 보고, 와이키키 비치 쪽을 바라보며 항해를 즐겨보자. 한 시간 항해하는데 요금은 $25이다. 와이키키 비치 중간쯤에 이런 푯말이 있는 곳에서 돈을 내고 타면 된다.

와이키키 비치 중간에 있는 와이키키 비치 요트 판매대

혹등고래는 보지 못한다 해도 귀여운 돌고래 떼들은 쉽게 만나니 요트타기가 더 즐거운 하루가 된다.

요트에서 바라본 와이키키 비치쪽의 모습

'열심히 일한 당신 떠나라!'라고 광화문에 걸려 있던 현수막처럼 열심히 일한 후에 한달살기를 위해 하와이에 간 거라면 와이키키 비치 야자수 그늘에서 읽고 싶었던 책을 마음껏 읽어도 좋다. 급할 것도 바쁠 것도 없는 생활이 하와이 한달살기 아닐까?

ABC 스토어에서 $0.99에 산 커피를 들고 비치 체어에 앉아 와이키키 비치를 걷거나 일광욕을 하는 사람들을 무심히 바라보는 일도 즐겁다. 세상에서 가장 행복해하는 사람들의 모습을 바라보고 있는 것만으로도 힐링이 된다.

힐링이 여행 그 자체가 되는 곳. 그곳이 하와이다.

많은 나라를 여행했지만 하와이 여행객들만큼 행복한 얼굴을 한 관광객들의 표정을 만나본 적이 없다. 하와이는 행복 바이러스가 전염되는 곳이다. 하와이와 심각함은 어울리지 않는 곳이다.

아침에 일어나 힐튼 하와이안 빌리지부터 아웃리거 리프 와이키키 호텔까지 한적한 비치워크를 따라 걷다 보면 산책길이 얼마나 쾌적한지 "생기려던 암도 다 없어질 것 같은" 느낌이 들게 한다.

여행하면서 "정말 행복하다"라는 기분이 드는 때가 몇 번이나 되던가? 아침에 이 길을 산책할 때면 온갖 시름이 다 없어지고 "행복하다"는 느낌이 절로 든다. 좋아하는 여행지라 해도 여행 중의 시간이 <행복하다!>는 느낌까지 주는 여행지는 드물다. 하와이의 비치 워크에서 하는 아침 산책에서는 그 느낌 가능하다.

이곳은 하.와.이.니.까.

힐튼 하와이안 빌리지

힐튼 하와이안 빌리지에서 할레코아 호텔을 지나 와이키키 비치를 따라 아웃리거 리프 호텔까지 이어진 아침 산책로

은퇴 후 매년 한달살기, 두달살기, 세달살기까지 꽉꽉 채워 행복한 하와이 살기를 무비자로도 머물러도 비용은 한국살이와 별반 차이가 없을 수 있다. 그리고 그 정도 비용은 나머지 비워 두는 기간을 에어비앤비로 운영하여 충당할 수 있다. '재테크'라고, '투자'라고 해서 '돈 버는 것만 생각하다 가는 인생'은 씁쓸하다.

파이어족을 꿈꾸며 이 정도는 삶의 균형을 이루며 산다면 진정한 워라벨일 수 있다.

하와이 콘도텔 투자로 한달살기까지 한다면 그 투자는 재테크 차원을 넘어선 '품위있는 라이프 스타일에 대한 투자'가 되고도 남는 것이 된다.

4. 부동산 구매시 어떤 부동산 에이전트를 선택해서 거래해야 할까?

재테크 시 자산에 버블이 진행되면 그 버블에 올라타야 돈을 벌 수 있고 버블이 마침내 붕괴될 수도 있다는 것까지를 염두에 둔 투자가 되어야 한다. 이 두 가지를 현재 상황에서 만족시켜줄 수 있는 최적의 투자처로 나는 <하와이 부동산>이라는 결론을 냈다. 양적 완화로 전 세계 자산 가격이 오르고 있음에도 하와이 부동산은 바닥권에 있었고, 이제 가격이 오르기 시작은 했지만 겨우 2019년 가격을 회복하는 중이기 때문이다.

하와이에서도 와이키키 지역을 꼽은 것은 이 지역은 여의도만한 크기로 한정된 면적의 부동산이기 때문이다. 매물 분석을 할 때도 분석이 쉽고 구매 대상 물건을 쉽게 골라낼 수 있기 때문이다.

매물이 골라지면 이것을 중개해줄 부동산 에이전트를 선정해야 한다. 인터넷과 유튜브를 통해 8명의 부동산 업자를 골랐다. 8명 모두에게 메일이나 카톡을 보냈다.

관심이 없는 업자도 있었고, 궁금한 것을 물어보기만 할 것처럼 보였는지 무성의한 답변을 보내온 사람이 3명. 아예 톡을 보지 않는 사람이 1명. 보고 답장도 하지 않는 사람이 1명. 나머지 2명으로부터 바로 답장이 왔고, 그중 적극적으로 응대하는 업자와 거래를 시작했다. 이미 와이키키 지역에서 에어비앤비가 가능한 콘도텔로 제한하고 원하는 건물의 매물 중 가장 좋은 것을 골라 놓고 부동산 에이전트를 통해 오퍼만 넣으면 되는 일이었다. 그러니 부동산 에이전트 입장에서는 그냥 땅 짚고 헤엄칠 거래인데도 소극적으로 응대하는 모습에는 아쉽다는 생각이 든다.

한국에 있으면서 해외부동산을 구매하는 것이었기에 부동산 에이전트의 역할은 중요하다. 한국에 있는 구매자는 현지 사정에 대해 하나부터 열까지 모르는 것 투성이다. 부동산 에이전트는 현지 사정에 밝아야 한다. 혹시 모르는 부분이 있을 때는 빨리 알아보고 상황을 바로 알려줄 수 있는 적극적인 에이전트가 필요하다. 그리고 궁금한 것이 있어 물어보려고 연락을 하면 바로바로 답장을 해주는 에이전트여야 한다. 무엇보다 중요한 것은 정보를 알려줌에 있어서 거짓 정보를 구매자에게 주는 에이전트만은 피해야 한다. 잘못 알고 있는 정보이면서 그것이 사실이라 믿고 구매자에게 단정적으로 말해주어 혼선을 일으키는 에이전트와 거래해서는 안 된다.

좋은 에이전트는 구매자 관점에서 가격 측면의 부분도 코치해주는 에이전트이다. 에어비앤비가 가능한 콘도텔의 경우, 관리업체마다 각각 계약조건이 다르므로 궁금한 것이 많을 수밖에 없다. 이런 부분을 최대한 알아보고 그대로 전달해 주어야 하고, 대출이 필요한 경우에는 은행과 미팅을 주선해주는 에이전트여야 한다. 그래야 미국 은행 통장이 없을 때 통장 만드는 일이 수월해진다.

구매하고자 하는 건물에 좋은 가격의 콘도텔이 매물로 나왔을 때는 지체없이 먼저 연락해주는 에이전트라면 최상이다. 외국인으로 세금을 내기 위해서는 ITIN이라는 세금 번호가 필요한데 이것을 어떻게 만들 수 있는지 안내해줄 수 있는 에이전트면 좋다.

부동산을 구매하면서 문의해 보면 "외국인은 무조건 에어비앤비가 불가능하다"라고만 대응하는 부동산업자도 있다. 직접 운영은 불가능하다. ITIN번호 뿐만 아니라 GE Tax, TA Tax 번호가 있어야 세금을 내면서 에어비앤비를 할 수 있는데 그 번호가 없으니 직접 할 수 없는 것은 맞다. 그러나 그 세금 번호를 가지고 있는 한국인 관리업자에게 맡기거나 부동산 관리회사에 맡기면 ITIN 번호는 '신청 중'인 형태로 하면서 GE Tax와 TA Tax 번호를 소유주 대신 신청하여 만들어 주는 관리회사까지 있다.

"부동산을 구매하여 그런 것을 대행해줄 수 있는 관리회사에 맡기면 된다. 그런 회사는 이런저런 회사다"라고 안내해 줄 수 있는 에이전트여야 제대로 이 분야를 알고 있는 에이전트이다.

부동산 거래만 중개해 봤을 뿐 에어비앤비 가능 부동산에 대한 지식이 없는 부동산 에이전트는 피해야 한다. 사실 부동산 에이전트로서는 이런 부수적인 것을 알려주는 일은 본 업무가 아니다. 그런 일에서는 수입이 발생하지 않는다. 그렇지만 한국에서 현지 실정도 모르는 사람이 구매자일 경우에는 이와 같은 부분이 궁금할 수밖에 없다. 이 궁금증을 풀어야 구매 결정이 된다. 이것을 물어봐서 해결해 줄 수 있는 사람이 현지 부동산 에이전트밖에 없으니 본연의 업무는 아니지만 이런 부분을 제대로 알고 있는 부동산 에이전트를 찾아 거래하게 된다.

만약 그 부동산 에이전트가 “이런 부분은 제가 알아서 말해줄 의무가 없다”라는 태도로 임한다면 바로 다른 부동산 에이전트를 찾아야 한다. 의무는 분명히 아니다. 그런 부분을 일일이 알아봐서 알려주는 것에 많은 노력이 필요한 것이다. “수수료가 큰 부동산 거래가 아니면 별 관심이 없다”는 모습을 보이는 부동산 업자도 당연히 피해야 한다.

부동산 에이전트를 선정하여 일을 하는 과정에서 주의해야 할 점은 계약서에 “1년간 그 에이전트를 통해서만 거래를 해야 한다”는 조건 여부이다. 거래를 개시한 부동산 에이전트와 호흡도 잘 맞고 위에서 말한 부분까지 해박한 지식을 가지고 있는 에이전트라면 문제가 없지만, 지식이 별로 없으면서 궁금한 것이 생겨 물어보면 다음에 알려주겠다는 식으로 그냥 넘겨버리는 에이전트라면 바로 다른 에이전트를 찾아 거래를 해야 하는 것이다.

여러 에이전트와 접촉을 시도하여 본인에게 잘 맞는 에이전트를 선택하는 것은 대단히 중요한 일이다. 에이전트와 호흡이 맞지 않을 때는 좋은 매물도 거래 과정에서 아깝게 놓치고 마는 일이 발생하기 때문이다. 더불어 부동산업자들간의 세미나에서나 주장해야 할 "부동산 거래시의 상도덕"을 구매자에게 계속 강요하는 에이전트도 피해야 한다. 그런 것이야 업자들간 영업상에서나 벌어지는 일일 텐데 그 내용을 자꾸 구매자에게 강요하는 업자는 불편하다. "마치 미국에서는 이런 자세로 구매하는 게 맞다" 고 가르치려는 모습을 보이는 에이전트는 피하는 것이 정신건강에 이롭다.

매도자가 매도하려고 내놓은 가격보다 지나치게 낮은 가격으로 오퍼를 넣더라도 상도의를 어기는 일은 아니다. 구매자 입장에서는 싸게 사면 싸게 살수록 좋은 것인데 이를 마다할 이유가 무엇이겠는가? 어차피 오퍼 가격이 터무니없는 가격이라고 매도자가 판단한다면 오퍼를 거절할 테니 문제 될 것이 없다. 물건 분석을 해봤을 때 그 정도 가격이 아니면 구매할 가치가 없어 보여 그런 가격으로 오퍼할 수도 있는 것이다. 다만 오퍼를 작성해야 하는 입장에서는 그 가격의 오퍼는 헛수고를 하는 것이니까 오퍼 작성하는 시간도 아깝다는 생각을 할 수는 있다.

그렇지만 그런 가격에 오퍼를 넣었는데 현금결재라는 이유로 매도자가 팔겠다고 할 수도 있다. 터무니없다고 생각되는 가격의 오퍼라고 해서 체결이 안 되려니 하거나 부동산 에이전트의 눈치를 보며 오퍼를 하는 것은 지양해야 한다. 실제로 거래 과정에서 2번이나 터무니없는 가격이라 생각했던 오퍼에 대해 카운터 오퍼를 받은 경험이 있다. 물론, 이미 가격이 경쟁적으로 오르고 있는 분위기일 때는 가격을 올려가며 오퍼를 할 수 있게 가이드 하는 센스도 있어야 훌륭한 부동산 에이전트이니 그런 에이전트를 만나 거래를 해야 한다.

요즘은 유튜브나 블로그를 통해서 부동산 에이전트들이 많은 활동을 하고 있다. 인터넷 검색을 통해 부동산 에이전트 몇 명을 리스트화한 후에 올려진 이메일 주소나 전화번호, 카카오톡을 보내서 본인 스타일에 맞는 부동산 에이전트를 구하면 된다.

5. 하와이 콘도텔 매물검색과 거래과정

하와이에 에어비앤비가 가능한 콘도텔을 구매하기로 했으면 먼저 와이키키 지역내에 에어비앤비가 가능한 건물이 어떤 것들이 있는지 알아야 한다. 왜냐하면 와이키키에 있는 건물이라고 해서 모두 에어비앤비가 가능한 것이 아니기 때문이다. 에어비앤비가 가능한 건물이라면 그 건물들 중에서도 가성비를 또다시 따져 봐야 한다.

하와이에는 고급 호텔의 경우에는 인터넷에 제시된 가격 외에 리조트 피(Resort Fee)가 추가로 붙는다. 투숙객들이 현지에 도착해서 지불해야 하는 비용이다. 가령 쉐라톤, 메리어트, 하야트 리젠시, 모아나 서프라이더, 힐튼 하와이안 빌리지, 할레쿨라니, 아웃리거 리프 호텔등 와이키키 비치에 인접한 고급 호텔들에는 휘트니스 센터나 풀장이 있고 그 외 편의시설들이 있는데 이런 시설들을 이용하는 비용을 받는 것이다. 이런 비용이 방값 외에 1박에 추가 $40~45인 곳도 있다. 보통 인터넷에 제시된 숙박료는 이 비용이 빠진 가격이라고 보면 된다.

와이키키비치에서 한두 블록 떨어진 호텔들이나 에어비앤비 가능 빌딩의 경우에도 이런 비용이 $15~30가 따로 있는 빌딩들이 있다. 가령 밤부(Bamboo)호텔은 $15, 퍼스픽 모나크(Pacific Monach)는 $25의 리조트 피가 별도로 붙는 에어비앤비 가능 빌딩이다. 방값 외에 고객들은 하와이에 도착하여 리조트 피를 추가로 지불해야 한다. 부동산 매물 리스트에 리조트 피를 받는지 여부는 표기되어 있지 않다. 이런 부분들은 부동산 에이전트를 통해 확인해야 한다.

리조트 피가 있는 콘도텔들을 구매하면 다른 빌딩의 에어비앤비 유닛들에 비해 가격 경쟁력이 떨어질 수밖에 없다. 그러니 이들 빌딩이 리조트 피가 없는 다른 빌딩에 비해 가격이나 위치상의 큰 장점이 있는지 구매전에 살펴봐야 한다. 이렇듯 에어비앤비가 가능한 건물인데도 리조트 피를 고객이 따로 지불해야 한다면 소유주는 방값을 덜 받아야 가격 경쟁력이 생길 수 있다. 이런 경우 소유주의 수익성이 줄어들게 마련이다. 콘도텔을 구매하려는 구매자 입장에서는 이런 비용이 있는 빌딩이라면 이를 상쇄하고도 남을만한 매력이 있는 물건이어야 구매 가치가 있을 것이다.

에어비앤비가 되는 빌딩이라도 또 한 가지 고려해야 하는 것이 주차장 유무이다. 주차장이 마련되어 있지 않은 에어비앤비 빌딩이 있다. 주차료를 내더라도 주차장 시설이 있는 건물이어야 에어비앤비 운영에 차질이 생기지 않는다. 별도의 사용 가능한 주차장이 없는 빌딩의 경우는 유닛별로 주차장이 포함된 부동산을 구매해야 한다. 주차 문제 때문에 에어비앤비로의 운영에 어려울 수 있어 구매 전에 반드시 고려해야 할 부분이다. 주차장이 포함된 유닛이면 그만큼 구매 가격도 올라간다. 참고로 위에 언급한 특급호텔의 1박 주차료는 보통 1박에 $40내외이다. 그에 비해 에어비앤비가 가능한 빌딩들의 경우에는 보통 $25~30 정도의 주차료가 있다.

또 한 가지 구매하려는 부동산이 리스 홀드(Lease Hold)인가 피 심플(Fee Simple)인가를 반드시 체크해야 한다. 리스 홀드는 건물만 구매할 수 있고 토지는 주인이 따로 있어 토지 사용료를 매달 지불해야 하는 부동산이다. 피 심플은 땅까지 모두 구매할 수 있는 부동산인데 같은 건물 안에서도 이 두 가지가 섞여 있는 경우가 있다.

아래 쿠히오빌리지(Kuhio Villlage)의 경우에는 2개의 빌딩이 있는데 한 곳은 리스 홀드만 있고 한 곳은 피 심플만 있는 건물이다. 하와이안 모나크(Hawaiian Monach)의 경우에는 리스 홀드와 피 심플이 섞여 있으니 가격이 지나치게 싸다면 리스 홀드일 가능성이 크다.

리조트 피는 받지 않고, 주차장이 있고, 피 심플인 조건을 좁혀 검색하면 3~4개 빌딩이 나온다. 이렇게 검색해낸 빌딩에서 매물이 나오는지를 매일 검색하는 것이다.

좁혀진 빌딩을 3~4개 적어보면,

1. 아쿠아팜(Aqua Palms)
2. 알로하 서프 호텔(Aloha Surf Hotel)
3. 쿠히오 빌리지(Kuhio Village : 리스 홀드 말고 피 심플)
4. 하와이안 모나크(Hawaiian Monarch : 리스 홀드와 피 심플이 섞임)

이 밖에도 에어비앤비가 가능하고 주차장이 있으며 피 심플인 건물들이 여러 개 있지만, 가격대가 높아 투자수익률이 떨어지는 건물이 있다. 높은 가격대에 비해 위에 나열된 건물보다 숙박비를 더 높게 받지 못하기 때문이다. 이런 건물들의 경우 가성비가 떨어지는 투자가 된다. 건물이 결정되면 두개의 사이트를 참고하여 매물을 검색하면 된다. 하나는 Zillow.com이다.

출처 – 부동산 사이트 Zillow.com

ZIP Code에 96815는 와이키키지역 우편번호이니 번호로 검색하면 와이키키 지역 매물들이 표시되어 화면에 뜬다.

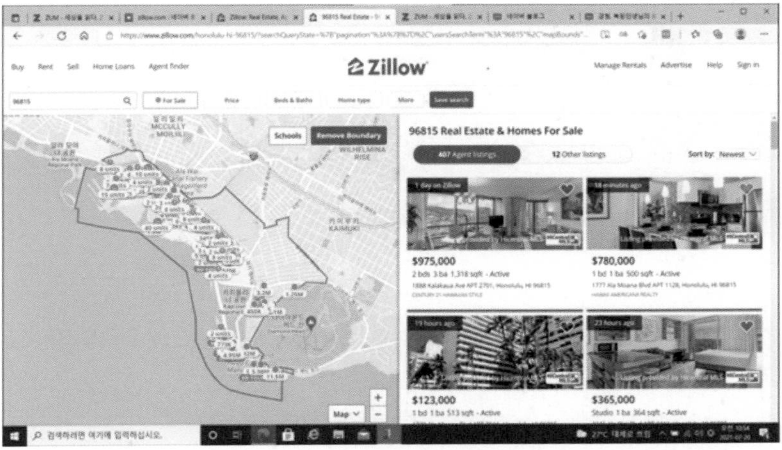

출처 - ZILLOW.COM

지도를 보고 건물을 클릭하여 매물이 몇 개 어느 가격대로 나오고 있는지 검색할 수 있다. 와이키키 지역으로 한정했고 건물도 3~4곳으로 압축을 해놓은 상태라서 이 사이트에서 매물로 나오고 있는 것을 체크하면 된다. 이 사이트에서는 원하는 건물의 매물을 싸게 나온 것부터 제일 비싼 가격에 내놓은 매물까지 한꺼번에 모두 살펴볼 수 있다.

거래에 들어가 클로징이 되기 전까지의 매물 목록이기에 거래상태로 들어가 있는 매물은 In Escrow Showing(에스크로 상태)로 표기되어 있고 판매 중인 매물은 Active라고 표기되어 있다.

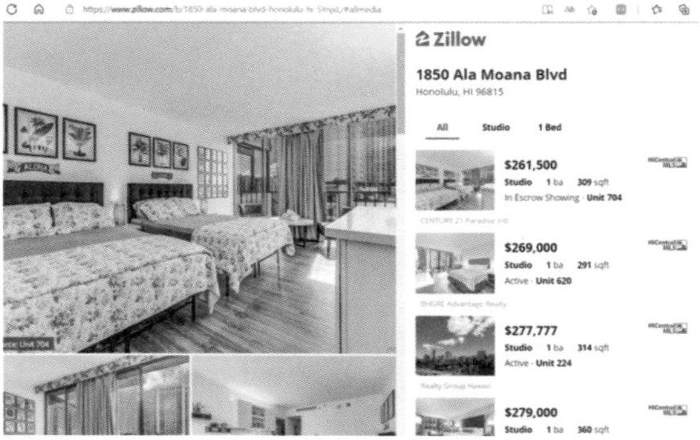

출처 - ZILLOW.COM

매물은 최근에 나온 순서대로 볼 수 있기도 하고 낮은 가격순으로도 볼 수 있다. 제일 싸게 나온 매물은 In Escrow Showing이라고 거래에 들어가 있다고 표기되어 있다.

이 매물 리스트는 내가 첫 번째와 세 번째 콘도텔을 구매한 아쿠아 팜 건물에 나와 있는 콘도텔의 매물 리스트이다. 이 글을 쓰는 중에 맨 아래 나와 있는 $279,000 매물도 거래에 들어간 상태가 되었다. 매물에 대해 좀 더 세부 사항을 알고 싶을 때는 아래 사이트를 같이 띄워 놓고 보면 된다.

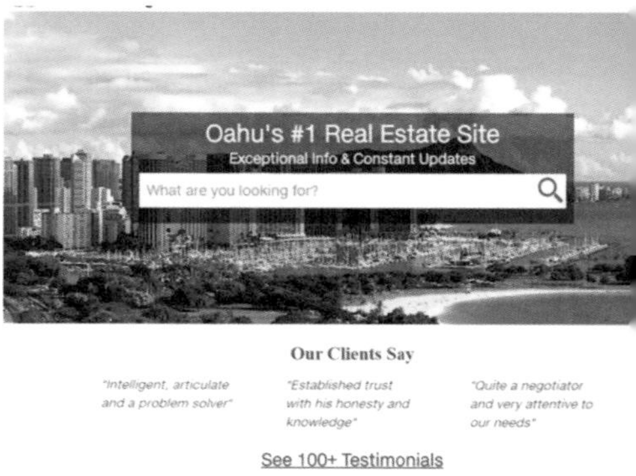

출처 – Hawaiiliving.com

이 사이트에 보면 방 개수, 목욕탕 개수, 실내 면적과 발코니 면적, 월 관리비, 월로 나눈 세금, 시장에 매물로 나 온지 며칠이 되었는지 여부. 그리고 가장 중요한 피 심플인지 여부를 표기해 놓았고 등기상 주인 이름과 감정평가금액도 볼 수 있다. 하와이 부동산 회사가 만든 사이트인 듯한데 구매자가 궁금해하는 내용을 보기 쉽게 해 놓았다. 해당 매물도 언제부터 어떤 가격으로 부동산 시장에 내놓고 있었는지도 표기해 놓았다.

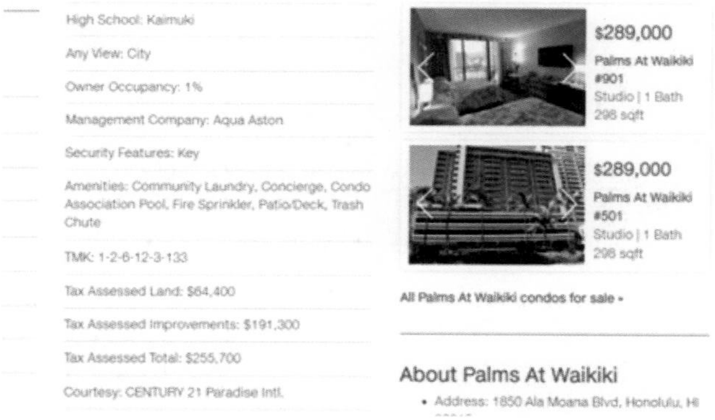

출처 – Hawaiiliving.com

리스홀드의 경우 토지에 대한 사용료를 매달 지불해야 하는 부동산이다. 리스홀드의 경우 빨간색으로 표기해, 한 달에 지불해야 하는 토지 임대료는 얼마인지까지 표기해놓아 한눈에 알 수 있도록 해 놓았다.

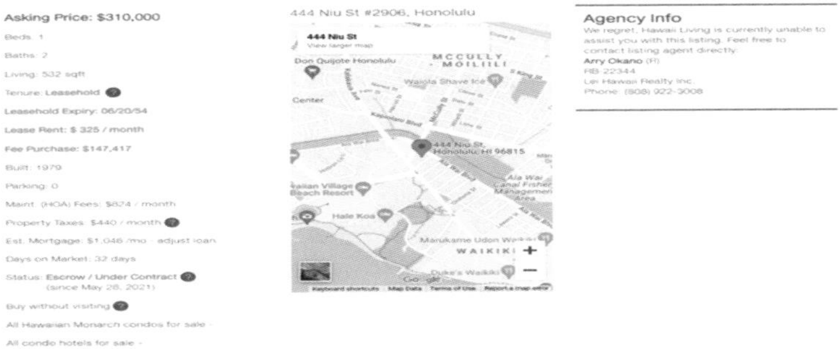

출처 – Hawaiiliving.com

매물의 가격변동도 알 수 있고, 몇 년도에 지어진 건물인지도 알 수 있다. 거래된 매물의 경우에는 소유주가 얼마에 구매한 물건인지까지 알 수 있어 가격협상을 할 때 참고가 된다. 아무래도 기존 소유주는 손해 보고 팔려고 하지는 않을 테니까 오퍼 가격을 쓸 때 참고하면 좋다. 더불어 그 건물에서 최근 몇 년사이에 유닛들마다 거래된 금액이 표기되어 있어 참고하기 좋다. 같은 건물의 다른 유닛들의 거래가격에 대한 기록이 있어 지금 매물 가격이 지나치게 높은 것은 아닌지 비교해 볼 수 있다.

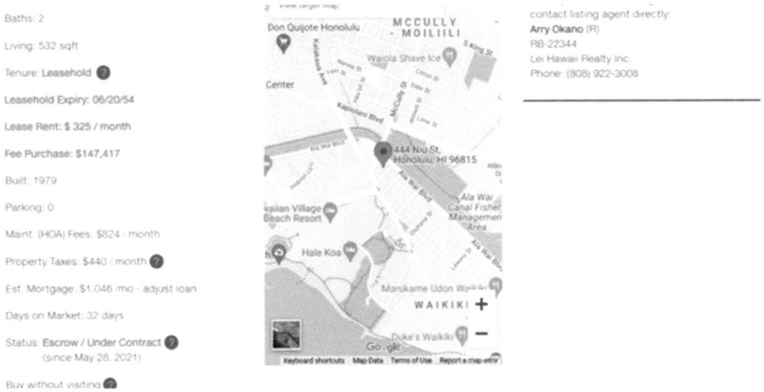

출처 – Hawaiiliving.com

이 사이트에는 주소의 숫자만 입력하면 건물 이름이 뜬다. 질로우 닷컴에는 주소만 나와 있을 뿐 건물이름이 나와있지 않아 불편한데 이 두 사이트를 같이 참고하면 서로 보완이 된다.

출처 – Hawaiiliving.com

거리 이름은 다르지만 빈칸에 444를 입력하면, 444번지에 4개의 건물이 뜬다. 이 중에서 에어비앤비가 가능한 건물 2개가 있다. 알로하 서프 호텔과 맨 마지막 하와이안 모나크이다. 이 건물 이름을 클릭하면 그 건물 내 매물이 나열되고 나열된 건물을 클릭하면 세부적인 사항이 나와 있어 매물분석을 할 때 유용하다.

매물은 구매자 스스로가 분석해 보는 것이 가장 좋다. 부동산 업자의 경우 와이키키 지역뿐만 아니라 하와이 전체가 영업 대상이므로 제한적인 정보를 가지고 있을 수 있다. 구매자는 와이키키에만 한정적으로 연구하니까 오히려 부동산 업자보다도 더 잘 분석할 수 있다. 단, 어느 정도의 가격에 오퍼를 넣으면 좋을지 에이전트에 의견을 구해 보는 것이 좋다. 주의해야 할 것은 구매자 입장에서는 싸면 쌀수록 좋겠지만 부동산 업자는 거래를 성사시키는 것이 목적이다. 부동산 업자는 낮은 가격을 희망하는 구매자의 입장보다는 체결될 수 있는 가격에 무게 비중을 두고 일을 할테니 구매자가 더 많은 연구를 할 필요가 있다.

처음에는 나온 매물가격 그대로 구매해야 되는게 미국식인가? 라는 의문을 가졌지만, 알고보면 미국 부동산도 한국 재래시장에서 물건을 흥정하듯 서로 밀고 당기고 하면서 거래를 한다.

하와이에서 에어비앤비가 가능한 콘도텔은 핫한 부동산이다. 적정한 가격의 인기있는 매물이 나왔을 때는 매수하려는 구매자가 많다. 대기자가 많다는 것은 구매 경쟁이 치열하다는 이야기다. 귀한 매물을 구매하려면 깍기 보다는 경쟁입찰을 하듯 오퍼를 넣어야 가능하다. 매도자가 제시한 가격보다도 높게 오퍼를 해야 구매할 수 있는 경우도 많은 것이다.

이런 매물들은 리스트에 올라오자 마자 매수주문 몇개가 한꺼번에 몰린다. 매도자는 오퍼를 받으면 가장 높은 가격을 제시하고 구매대금 결재방식이 좋은 구매자에게 카운터 오퍼를 보낸다. 그러므로 적정한 가격에 나온 매물은 시간을 두고 지켜보면서 오퍼를 넣을 생각을 하다가는 이미 거래가 끝나버릴 가능성이 크다.

첫 번째 콘도텔을 구매할 때는 코로나 시국이라 매물의 가격이 바닥권임에도 판매자가 제시한 가격보다 10%를 더 내려 오퍼를 하였고, 거래가 성사되었다. 그 후 곧바로 부동산 시장에 불이 붙었다.

이무렵 몇개의 오퍼를 넣어보니 이상징후가 포착되었고 거래가 과열되고 있다는 것이 느껴졌다. 적정 가격의 매물이 나오면 몇명의 구매자들이 동시에 오퍼를 넣었고 하루만에 거래가 종료되는 일이 비일비재하기 시작했다.

두 번째 구입한 콘도텔의 경우에는 매도자가 제시한 가격보다 더 높은 가격을 제시하고 그것도 현금결재로 3주 클로징 조건을 넣어서야 구매할 수 있었다. 그나마도 제시한 오퍼 가격은 제일 높은 가격이 아니라 두 번째 가격이었다. 가장 높은 가격을 제시한 구매자의 자금 상황표가 매도자 쪽에서 볼 때 신뢰할만 하지 않았던 모양이다. 그리하여 운 좋게도 카운터 오퍼를 받게 되어 구매할 수 있었다.

두 번째 구매 유닛은 매도자의 제시가격이 $225,000이었으나 $226,000에 오퍼가격을 제시하여 구매가 가능했다. 이 가격도 최근 거래된 가격에 비해 그리 저렴한 가격은 아니었지만 이미 하와이 부동산 시장은 뜨거워지기 시작했다. 오퍼를 내보면 부동산시장의 가격 추이를 느낄 수 있게 된다. 이 물건의 경우에는 리모델링이 된 유닛이고 알라와이 운하쪽 뷰라서 반대쪽 건물만 보이는 뷰보다 개인적으로 좋다. 리모델링이 되지 않았으면서 반대쪽 건물 뷰 유닛을 $218,000에 카운터 오퍼를 받았던 적이 있지만 오래된 바닥 카펫을 리모델링해야 에어비앤비로 운영이 가능할 것 같아 포기한 적이 있다.

알라와이 운하쪽 뷰를 가지고 있고 층고도 더 높은 유닛을 선호해서 가격을 좀더 높여서라도 구매하고 싶었다. 예상대로 몇명의 구매자가 오퍼를 넣었고 경쟁이 붙은 상태였다. 첫 번째 구매한 아쿠아 팜스 보다 훨씬 못한 부동산을 $41,000이나 더 주고 구매를 하자니 배가 아팠지만 이미 가격이 오르는 추세여서 그에 맞추어 구매를 할 수밖에 없었다. 주식도 그렇지만 부동산도 가격이 바닥을 치고 상승추세에 돌입하게 되면 조정할 때 사겠다는 생각은 버리고 바로 따라 붙어야 좋은 투자가 되는 법이다.

현재 이 건물 유닛 거래 가격은 $230,000, $235,000이다. 빨간색 글씨로 이미 거래를 위한 에스크로 계좌가 오픈되었다는 표시를 해놓고 있다. 이 건물에서 매물로 나온 것은 딱 하나이고, 가격은 $290,000이다. 가격을 보니 아마도 매도자가 팔리면 좋고 아님 말고의 심정으로 내놓은 것 같다. 지금 이 건물의 거래가격은 꾸준히 올라가고 있는 추세인 것만은 확실하다.

에어비앤비가 가능한 이런 건물의 매물은 아주 드물게 나온다. 사진속 건물에 하나 나온 매물처럼 너무 높은 가격으로 내놓은 매물이 아니라면 매물이 나오자마자 즉시 구매시도를 하면서 오퍼 가격을 제시할 때 심혈을 기울여야 매입이 가능하다.

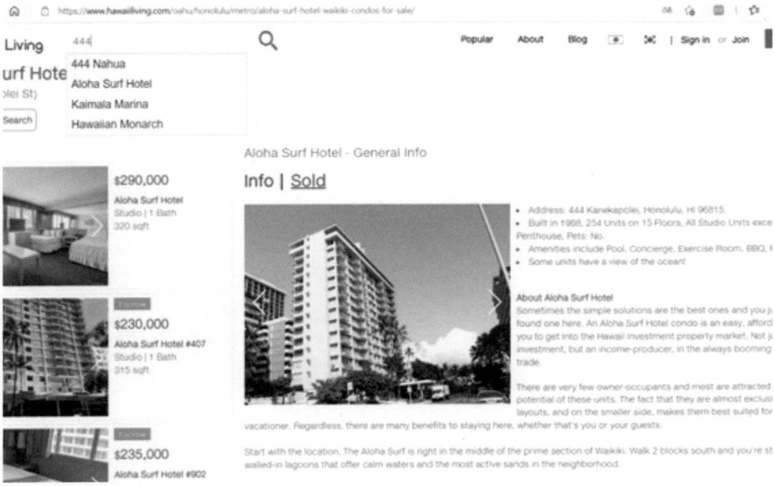

사진출처 – Hawaiiliving.com

6. 하와이 부동산 구매시 거래비용은?

하와이 부동산을 구매할 때에 궁금한 것 중 하나가 바로 거래비용이다. 부동산 가격 외에 추가로 드는 비용은 얼마일까? 미국은 소비자 천국이다. 부동산 거래에서도 예외가 아니다.

하와이에서 부동산을 구매할 때에는 한국과는 달리 구매자는 부동산 중개수수료를 내지 않는다. 한국에서는 부동산을 구매하면 취득세와 등록세를 내지만 미국에서는 그렇지 않다. 매도자가 내는 중개수수료가 보통 4~6%정도된다. 구매자쪽 부동산 에이전트가 2~3%의 수수료를 받고, 매도자쪽 부동산 에이전트도 2~3%의 수수료를 받는다.

그러나 부동산 거래대금이 클 경우에는 구매자쪽의 수수료는 1%만 책정하여 제시하는 경우도 있다. 거래 금액이 적은 부동산인 경우에는 6%의 중개수수료를 지불하기도 한다. 그러므로 부동산 매도시에는 이것저것 포함하여 총 7%정도의 비용이 발생할 수 있다는 점을 염두에 두어야 한다.

구매자는 에스크로 비용과 인스팩션(Inspection) 비용이 든다. 에스크로 비용은 구매자가 보내는 거래대금을 안전하게 맡아 놓았다가 처리를 해주는 비용이다. 클로징이 된 후 등기에 소유주 등록도 해주니 구매자 입장에서는 안심하고 부동산 거래를 할 수 있다.

인스팩션 비용 또한 구매자가 지불한다. 구매할 부동산에 심각하게 훼손된 부분이나 고쳐야 할 부분이 있는지 검사하는 과정이다. 구매자쪽 부동산 에이전트는 인스팩션 회사에 의뢰하여 거래할 부동산에 인스팩션 과정을 거치게 된다. 인스팩션 비용은 부동산의 규모에 따라 다르다. 콘도텔의 경우에는 보통 $415.12정도이니 한국 돈으로 환산하면 약 45만 원 정도가 된다.

나의 경우에는 첫 번째 콘도텔은 매도자가 워낙 싼 가격에 팔았다며 혹시 고장 난 부분이 있으면 구매자가 알아서 고쳐 쓰라고 해서 그렇게 하기로 했다. 두 번째 콘도텔의 경우에는 고쳐야 할 목록을 매도자에게 보내자 $700을 보상해 주었다. 가령 "전구를 갈아달라"고 요구하면 전구를 갈아주는 대신 $100을 보내줄 테니 직접 갈아 쓰라는 식이다. 인스팩션 결과, 이런저런 고쳐야 할 것들이 있다고 하면 그 비용을 산정하여 보상을 해주는데 이것을 크레딧해준다고 한다. 그러면 잔금을 지불할 때에는 이 금액만큼을 공제하고 매도자에게 송금하면 된다. 이런 일들도 부동산 에이전트가 다 알아서 해주니 매수자는 걱정할 필요가 없다.

두 번째 콘도텔의 경우, 매도자가 팔려고 했던 가격보다 매수자가 더 높게 오퍼를 했으니 매도자의 입장에서는 후하게 대응을 한 것 같다. 매도자는 자신이 생각했던 적정가보다 너무 싸게 팔았다고 생각될 때는 인스팩션 결과를 무시하고 알아서 하라는 식으로 대응하는 경우가 있고, 거래 계약 시 아예 처음부터 현재 상태 그대로 매도를 희망한다는 조항을 특별하게 적어 넣는 경우도 있다. 그래서 구매자는 이런 내용을 부동산 에이전트로부터 사전에 듣고 계약서를 작성하게 된다. 이 내용을 받아들이고 싶지 않으면 계약서를 작성하지 않으면 된다. 아주 치명적인 결함일 때는 계약을 취소하고 계약금을 돌려받을 수 있다.

세 번째 콘도텔을 구매할 때는 $261,500에 나온 물건이었는데 계약 전에 가격이 몇 번 변경되었다. 최근에 이 건물이 리모델링을 했는데 이 물건은 리모델링을 하지 않은 단점이 있었다. 리모델링할 때 오리지널 인테리어 스타일로 하지 않은 유닛인 경우에는 이 건물을 관리하는 회사가 아주 까다롭게 체크를 하거나 아예 관리를 맡지 않는 경우가 있기 때문에 여러 가지 문제가 느껴졌다.

이 건물의 첫 번째 콘도텔을 구매할 때의 금액은 $185,000이었는데 호텔 오리지널 인테리어로 리모델링이 된 유닛이었다. 그런데 세련되게 리모델링이 되지도 않은 콘도텔을 같은 건물에서 $261,500에 구매한다는 것은 3개월 만에 너무 심하다는 생각이 들었다. 계약이 성사되어도 좋고 그렇지 않아도 아쉬울 것 없다는 심정으로 $230,000에 오퍼를 넣어 보았다. 매도자가 보기에 터무니없는 가격이라 생각되면 거절하고 말지 다시 가격을 제시하지 않는 경우가 많다. 이 가격에 오퍼를 넣는 경우는 이 물건을 안 사도 그만이라는 배짱이 있을 때 넣어보는 것이다. 얼마 전 이 유닛을 한국인 구매 희망자가 $245,000까지 내고를 진행하다가 이 유닛 말고 그 옆의 유닛이 매물로 나오는 바람에 그 유닛을 $259,000으로 구매하고 이 유닛을 포기한 적이 있다는 것을 이미 알고 있었으므로 마지노 가격을 $245,000로 정하고 거래를 진행했다. 낮은 가격으로 오퍼를 넣었을 때, 매도자가 반응을 보인다는 것은 가격을 조절해서라도 팔고 싶다는 뜻이다. 그래서 가격을 $240,000로 오퍼했다. 그러자 바로 $249,000을 받고 싶다는 연락이 왔다. 내가 아무런 반응을 하지 않자 다시 $245,000로 카운터 오퍼를 하겠다고 했다. 그 대신 인스팩션 결과, 고쳐야 할 부분이 나오면 알아서 고쳐서 쓰라는 조건이었다. 이런 경우에는 같은 부동산 에이전트에서 거래를 진행하다가 불발된 거래 사례가 불과 2개월이 안 되는 기한 내에 있었기 때문에 추가 비용 $415을 지불하면서까지 인스팩션을 진행할 필요가 없었기 때문에 지난번 인스팩션 결과를 그대로 쓰기로 했다. 인스팩션은 반드시 해야 하는 과정은 아니다. 그러나 구매 부동산에 어떤 결함이 있는지 모르니까 가능한 한 이와 같이 특별한 경우가 아니고는 인스팩션 과정은 꼭 거치는 것이 좋다.

보통의 경우에는 에스크로계좌가 열리고 계약금을 보냈다 하더라도 인스팩션을 진행한 결과 구매자 입장에서 생각하지 못한 결함이 나타나면 구매자는 계약을 취소할 수 있다. 이때 에스크로 회사에서는 계약금을 구매자에게 되돌려주는 안전판 역할을 해준다. 거래를 취소하면 이미 지불된 에스크로 비용과 인스팩션 비용을 제외하고 송금된 계약금을 돌려받게 된다. 한국처럼 계약취소를 한다고 계약금을 떼이는 그런 일은 없다. 계약금도 보통 전체 구매 물건의 몇 %가 아니라 $5,000로 시작한다.

이 밖에 $100정도의 등록비와 보험료가 발생한다. 그 후, 2개월 정도의 선납 관리비와 세금은 잔금을 지불할 때 함께 송금하면 된다. 관리비는 어차피 매월 지불해야 하는 비용이다. 이런 사유에서 잔금을 보낼 때 합계 약 2%가 좀 안 되는 금액이 구매 시에 추가된다고 생각하면 된다.

7.부동산 구매자금 은행 송금방법은?

부동산 구매가 결정되면 에스크로 계좌로 계약금과 잔금을 송금하면 거래가 완료된다. 구매대금을 판매자와 직접 대면해서 거래하는 것이 아니라 에스크로 계좌로 보내므로 안심하고 한국에서도 부동산 거래를 할 수 있는 것이다. 그런데 이러한 해외 부동산 송금 관련 업무가 은행 지점에서 자주 일어나는 업무가 아니다 보니 전문직원이 상주하고 있지 않은 곳이 많아서 송금을 하기 위해 은행 몇 군데를 돌아다니는 수고를 하게 되는 경우가 생긴다.

은행에서 요구하는 서류는 모두 동일하고 그리 복잡하지 않다. 그렇지만 프로세스를 잘 이해하고 있지 않은 상태에서 서류를 준비하게 되면 뭔가 복잡하게 느껴진다. 그것은 용어상의 문제 때문이다. 유튜브 방송 같은 것을 보면 시민권자나 영주권자가 부동산을 구매하는 방법에 대해 설명해 주는 것이 많아서 그렇지 않은 경우에는 좀 더 혼란스럽게 느껴지기도 한다.

부동산 거래대금의 송금 절차에 대해 간단하고 쉽게 설명하면, 적당한 부동산 물건을 발견하게 되면 구매 오퍼를 하고 매도자로부터 얼마에 팔겠다는 카운터 오퍼를 받으면 거래가 성사되는 것이다. 그러면 구매자는 매도자 통장으로 돈을 보내는 것이 아니라 에스크로 계좌로 계약금과 잔금을 보내면 된다. 거래가 성사된 후, 은행에 가서 송금을 하려면 먼저 해당은행의 본인통장으로 돈을 입금하고 서류를 가지고 은행에 가면 된다. 이때 가지고 가야할 서류는 ① 거래계약서 ② 감정평가서 ③ 주민등록증 ④ 주민등록등본(3일이내 발급) ⑤ 세금납입확인서(주민등록번호 공개로 발급)이다.

그다음은 은행에 비치된 서류를 작성하여 제출을 하면 은행 담당자가 팩스로 본사의 해당 송금업무부서로 보내 결재를 받은 후 송금이 진행된다. 잔금까지 송금한 후에는 3개월 이내에 부동산 에이전트로부터 부동산 증서(Deed)를 받아 은행에 가져가 <해외 부동산 취득 신고>를 하면 거래와 신고까지 모두 끝나게 된다.

그런데 흔히 은행 사전승인을 먼저 받아야 된다고 많이 알고 있어서 거래 계약서도 없이 은행부터 가는 경우가 많다. 이런 경우는 미국 현지인들이 은행 대출로 부동산을 구매할 때 해당되는 이야기다. 미국 현지인들은 부동산을 구매할 때 보통 20%~40%만 선납금(Down Payment)으로 지불하고 나머지 잔금을 은행에서 모기지 대출을 받거나 다른 부동산의 담보대출을 받으면서 잔금을 치르는 경우가 많다. 그러나 한국에서 한국인이 해외 부동산을 취득할 때는 주로 현금으로 거래하므로 이 과정이 생략되는 것이다.

송금의 경우에는 아침 일찍 서두르면 2~3시간의 절차를 거쳐 당일도 가능하다. 그러나 송금기한 마지막 날 오후 늦게 은행에 가서 당일 송금을 하려고 하면 은행 본사에서 결재가 늦어지는 경우가 있다. 그러니 하루나 이틀 전에 이 과정을 밟기 위한 서류를 먼저 은행에 제출하고 송금번호를 미리 받아 놓는 것이 여유 있어 좋다. 이 과정에서 은행담당자가 서툰 경우도 많으니 가능한 한 해외 송금업무에 경험이 많은 담당자를 찾는 것도 중요하다. 그렇지 않은 경우에는 은행 담당자의 미숙한 일 처리나 잘못된 정보로 인해 불필요한 일을 하거나 시간이 지연되는 어려움을 겪을 수도 있다.

그리고 가능한 한 구매자의 주거래 은행에서 송금 수수료를 할인받는 것이 좋다. 송금 수수료가 달러당 10원으로 작지 않은 돈이기 때문이다. 부동산 구매 가격 단위가 크다 보니 50만 달러의 부동산이라면 송금 수수료만 무려 500만 원이나 된다. 그러니 가능한 한 주거래은행에서 할인을 받아 송금 수수료를 줄이는 방법을 찾는 것이 현명하다. 예를 들면 증권계좌에서 95%를 할인 받아서 달러로 환전하여 은행에 가져갈 수도 있다. 95%라고는 하지만 환전 수수료 이기 때문에 송금 수수료와 달리 보통 20원 내외로 1원 정도이니 90%를 할인받아서 송금하는 것과 같다.

다시 한번 간단하게 요약해 보면, 단순 보유목적 또는 투자목적으로 해외부동산을 취득하는 경우

가. 신고인 : 거주자(영주권자 제외) 및 국내 법인

나. 송금 한도 : 제한 없음

다. 준비서류

. 해외부동산 취득 신고(수리)서(은행에 서류양식이 비치되어 있으니 작성해서 제출하면 된다)

. 신고인의 실명 확인 증표

. 부동산 매매계약서(매매 조건이 명시된 가계약서 포함)

. 매도인의 실체확인서류(단, 매매계약서상 매도인의 인적사항 확인)

. 부동산감정평가서 : 현지 금융기관 또는 감정기관의 평가서를 원칙으로 하되, 발급이 어려울 경우에는 현지 부동산 중개업소나 부동산 가격정보 사이트 자료인정 또는 분양가격을 확인할 수 있는 서류(구매자쪽 부동산 에이전트가 메일로 보내준다)

. 납세 증명서(한국에서 발급받으면 된다)

. 주민등록등본(신고수리 신청일로부터 3영업일 이내 발급분) -신고인이 개인인 경우

. 현지 금융기관으로부터 모기지론을 받을 경우 부동산 담보대출(모기지론) 관련 서류

. 해외부동산취득보고서 : 부동산 취득대금 송금 후 3월 이내

. 해외 부동산 처분(변경)보고서 : 부동산 처분(변경)후 3월 이내부동산의 계속 보유 사실 입증서류 : 신고수리인 기준 매 2년마다.

8. 하와이 부동산 구매시 ON, OFF로 공증하는 방법

부동산 구매후에는 미국대사관에 가서 공증을 받아 미국의 에스크로 회사로 서류를 보내주면 일이 종료된다. 나의 경우에는 첫 번째 콘도텔을 구매한 후, 미국대사관에 공증을 받기 위한 예약을 했는데 코로나로 공증 업무를 못하니 온라인 공증을 하거나 한국 공증업체를 통해 하라는 안내 메일을 받았다. 그래서 미국 대사관에서 알려준대로 화상공증을 하여 에스크로 회사로 보냈다.

한번은 하와이 에어비앤비 부동산 구매에 관심 있다는 사람으로부터 메일을 받은 적이 있는데 몇번에 걸쳐 궁금해 하는 부분에 대해 친절히 답해 주었는데 어느날 갑자기 "하와이에서 화상공증이 불법인거 아느냐? 당신 때문에 불법으로 화상공증받는 사람 늘어나면 책임을 질거냐?"는 말도 안되는 협박성 메일을 받은 적도 있다. 좋지 않은 의도를 가진 사람이라는 것이 느껴졌다. 나쁜 의도를 가지고 접근하는 사람들이 있으니 조심할 필요가 있다.

다음은 미국 대사관에 공증 예약을 했을 때 온라인으로 화상공증을 받으라는 내용인데, 대사관에 직접 가서 일을 처리하는 것보다 안내해준 방법대로 온라인 공증하는 것이 훨씬 간편하다.

Dear KYOUNG CHURL MIN,

A Consular Officer has reviewed your request, and unfortunately we are unable to offer you an appointment for notarial services at this time. We apologize for this inconvenience, and may be able to consider your request when we are able to offer additional appointments.

Our top priority is providing essential services to U.S. citizens amid the global COVID-19 pandemic, while maintaining social distancing in our consular waiting rooms for the safety of our customers and staff. Given the high demand for notarial services and limited appointment availability, we cannot safely accommodate all requests at this time.

If you need to notarize a document for use in the United States, an e-notary service or Korean notary public may meet your needs.

We appreciate your understanding and look forward to serving you in the future.

Sincerely,
American Citizen Services
Consular Section
U.S. Embassy Seoul

미국 대사관 안내 메일을 받아 온라인 공증을 받았으니 불법일 수가 없다. 하와이는 아직 화상 공증을 할 수 있는 시스템은 갖추지 못한 것 같다. 그것은 하와이 주정부 사정일 뿐 미국 연방정부와는 차원이 다른 문제이다. 한국인이 한국내에 있는 미국대사관의 안내를 받고 진행한 일이 문제가 될 수는 없다.

코로나와 같은 특수상황이 아닌 경우에는 공증을 받으려면 미국 대사관에 예약을 하고 공증받을 서류를 가지고 방문하면 된다.

예약 사이트 : https://kr.usembassy.gov/ko/us-citizen-services-ko/make-an-appointment/

보통 3주 후가 가장 빠른 예약 날짜이니 부동산 거래가 이루어지자마자 바로 예약하는 것이 좋다. 그렇지 않으면 일이 많이 지체될 수 있다.

온라인 공증은 그렇게 어렵지 않다. 화상공증은 24시간 운영되며, 사전 예약을 해야 한다(https://usvirtualnotary.com).

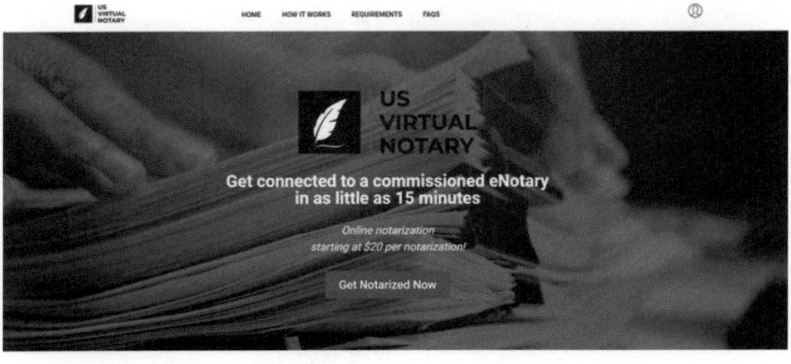

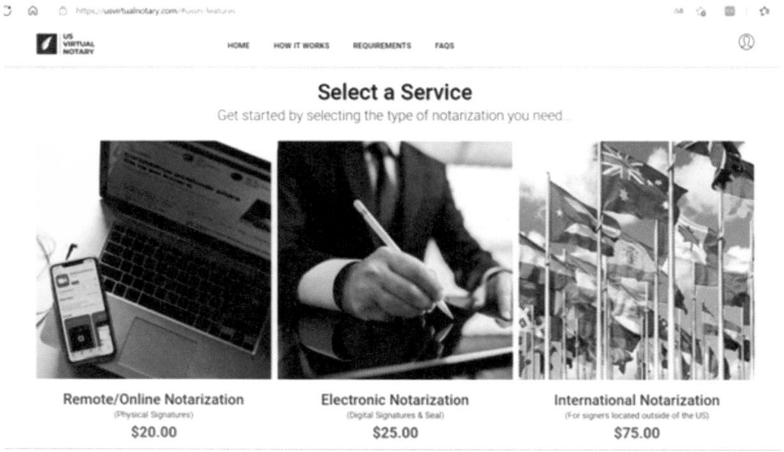

한국에서 국제화상공증인 것이니까 International Notarization을 클릭하고, 날짜와 시간을 선택하면 된다. 하와이(파시픽 미국&캐나다) 시간으로 오후 6시 15분으로 하면 한국시간으로는 다음날 아침 오전 10시 15분이 된다.

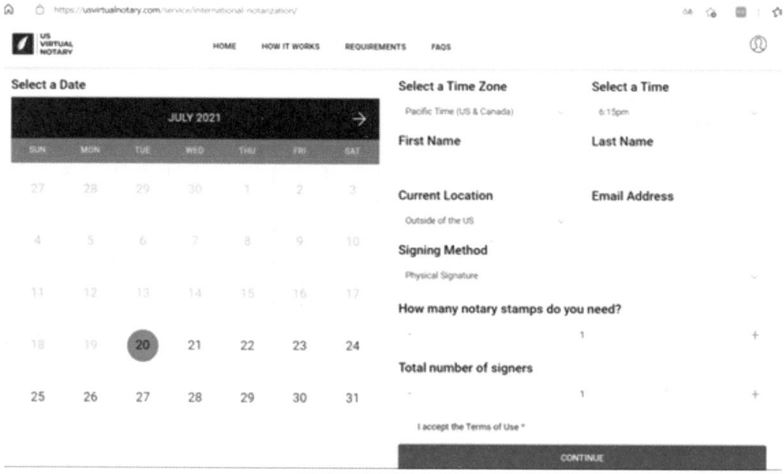

그리고 $79.88을 결재한다. 미국 대사관에 가서 하면 $50이지만 왔다갔다 시간이 요소되고 예약날짜가 3주후부터 가능한 것을 고려한다면 화상공증이 훨씬 편하다고 볼 수 있다.

화상공증을 위해서는 줌(Zoom)을 설치해야 한다. 공증 당일 예약시간전에 미리 테스트 한번 하고 기다리니 10시 15분 예약인데 10시쯤 담당자가 로그인하여 들어왔다. 여권의 사진 나오는 부분을 보여달라고 하면 카메라에 가까이 대어 확인시켜주고, 서류 2곳에 사인을 해서 하나씩 보여주면 된다. 백지에 여권 뒷면에 있는 사인과 동일한 사인을 해서 핸드폰 사진으로 찍어 메일로 보내고 이 서류들을 우편으로 에스크로 회사로 보내면 끝난다.

이 과정에서 영어가 유창할 필요는 없다. 화상공증은 상대가 외국인이라는 점을 배려하여 담당자가 쉽고 간단한 영어로 말을 한다. “Passport!” 라고 하면 여권에 있는 사진을 펼쳐서 카메라 가까이 가져다 보여주면 되고, “Sign!”하면 싸인할 2 곳에 싸인을 해서 역시 카메라에 보여주면 된다. 이 절차를 진행하는데 5분도 안걸린다. 이렇게 해서 에스크로 회사로 공증된 서류를 보내면 에스크로 회사에서 구매자 이름으로 등기까지 알아서 해준다. 단, 한국처럼 일처리가 빠르지 않아 구매자 이름이 등기상에 오르기까지 약 2~3개월이 소요된다. 하지만 권리 행사는 클로징되는 날부터 구매자가 사용할 권리를 갖게 된다

9. 구매한 콘도텔 수익성 부동산으로 관리방법?

하와이에 있는 부동산을 구매하게 되면 우선 관리부터가 걱정이다. 일단 관리비가 한국보다 비싸다. 세 번째 구매한 콘도텔의 한 달 관리비는 $620이다. 세금도 한국에 비해 비싸다. 세 번째 구매한 콘도텔의 2020년도 부동산 세금이 $3,593.43이었으니 월로 나누고 관리비와 합산하면 $919.45이 된다. 여기에 화재나 누수 같은 것을 보상해 주는 연 약$300의 보험을 들게 되면 한달 총 비용은 한국 돈으로 115만 원 정도가 된다. 그런데 하와이에서 에어비앤비가 가능한 콘도텔을 구매하게 되면 관리비 걱정은 하지 않아도 된다. 관리비를 넘어 수익창출까지 가능하니까 말이다.

하와이는 호텔 예약률이 평균 90%인 관광지이다. 단기에 호텔을 지을 수도 없다. 하와이 주정부의 환경평가를 통과하기가 쉽지 않은데다가 건자재를 모두 본토에서 실어와서 건축을 해야 하기 때문에 건축비가 상당하다. "무엇보다 호텔을 지을 땅이 없다 보니 호텔에 대한 수요 보다 공급이 만성적으로 부족한 지역이다." 구매한 콘도텔의 임대에 대해서는 걱정할 필요가 없다. 에어비앤비가 가능한 건물에는 자체 관리회사가 있는 경우가 많고, 외부에 에어비앤비 관리 전문 부동산 회사들이 많다. 대부분 부동산 업자가 소속된 회사는 자매회사로 부동산 관리회사도 따로 있는 경우가 많아서 소개받을 수도 있다. 이러한 부동산 관리회사들이 장단기 임대를 모두 관리해 준다. 1달 이상의 장기임대는 10%의 커미션을 받고 세입자 신용조사까지 해서 세입자를 구해주고 집세를 받아서 소유주 통장으로 입금까지 해준다.

빌딩 자체적으로 관리회사를 두고 있는 아쿠아팜의 경우에는 두 가지 관리 프로그램이 있다. 한 가지는 소유주의 유닛을 호텔처럼 관리해주고 수익을 절반으로 나누는 방식이고, 다른 한 가지는 미니멈 게런티 금액이 정해져 있고 +알파로 추가수익을 주는 방식이다. 미니멈 게런티를 해 주는 금액은 호실별로 각기 다르다. 호실별로 방 크기가 다르고 침대 숫자도 달라 투숙가능 인원이 다르기 때문이다.

참고로 세 번째 구매한 콘도텔의 한달 미니멈 게런티 금액은 $1,396이다. 물론 여기에 추가 수입이 있을 것이고 이 수익을 받게 되면 관리비와 부동산 보유세는 소유주가 내야 한다. 이 관리회사는 메리어트 호텔 계열회사이므로 미니넘 게런티를 신뢰할만 하다. 이와 같이 관리 업체들마다 각기 특색이 있어 합리적인 관리방식으로 운영하는 업체를 선정하여 맡기면 된다. 예를 들면, 캐슬 베이케이션 렌탈 하와이(Castle vacation rentals hawaii)라는 회사가 있다. 이 회사는 커미션으로 월 매출의 25%를 받고 고장난 부분이 있으면 $300 이하수리비용은 알아서 고쳐가며 운영하면서 예약까지 관리하는 업체이다. 에어비앤비는 방 값이나 청소비를 관리하는 회사측에서 결정하여 사이트에 올려 예약을 받는다. 그러다보니 업체별로 방값이나 청소비를 책정하는 정책에 특성이 있다. 방값을 높게 책정하는 업체의 경우에는 예약률이 좋으면 소유주도 좋고 관리업체도 좋다. 그러나 터무니없는 가격의 방값과 청소비를 책정하여 예약을 받으면 손님이 지불해야 하는 가격이 높아져서 예약률이 떨어지면 그것도 곤란하다. 특히 청소비의 경우에는 소유주의 수입과는 상관없이 고스란히 관리업체의 몫으로 돌아가는 돈인 반면 고객입장에서는 지불해야 하는 숙박비가 올라가기 때문에 적정한 방값과 청소비 책정은 예약률에 큰 영향을 미칠 수밖에 없다. 세 번째 콘도텔은 이 업체에 관리를 맡겨볼 생각이다. 과연 각각 다른 세 군데에 관리를 맡긴 후에 어떤 수익률을 가져다 주고 어떤 장단점이 있는지 경험해 보기 위해서다.

또 다른 업체는 20% 컨미션을 받는다는 하와이 아메리카나 베이케이션 렌탈(Hawaii Americana Vacation Rentals)이라는 곳이다. $100 미만의 수리비는 소유주에게 비용을 청구하지 않고 관리한다. 어메니티, 침대시트, 베개시트 등의 세팅도 알아서 해준다. 미국은 침대나 쇼파 등의 가구를 포함하여 매도하는 경우가 많아서 아주 오래된 것이 아니면 교체하지 않고 바로 에어비앤비를 시작할 수 있다. 이 관리회사는 지나치게 가격을 낮게 책정하지도 않으면서도 예약률이 상당히 좋은 편이다. 나는 이 회사에 두 번째 콘도텔을 맡겨보았다. 이 유닛을 6월 23일 구매 완료후 7월 한달 예약을 살펴보니 공실인 날이 하루도 없이 예약율이 100%였다. 예약시스템을 법인이 광고를 하며 진행하다보니 개인이 운영하는 것보다 더 좋은 면이 있는 것 같다. 가격도 개인 보다 더 높은 가격을 받지만 터무니없는 가격은 아니다 보니 예약을 위한 최적의 가격이 얼마인지를 경험상 잘 알고 있어 보인다.

내가 사례로 든 관리회사는 모두 현지 미국인 회사이다. 계약서도 영어로 작성하여 메일로 보내줘야 하고 궁금한 사항이 생기면 영어로 질의하고 답장을 받아야 한다. 사실 계약서가 영어로 되어 있는 경우에는 놓치고 넘어가는 부분이 있을 수 있다는 단점이 있다. 이를 보완할 수 있는 방법은 바로 한국인 관리인에게 맡기는 것이다. 이런 콘도텔들을 맡아서 예약 관리해 주고 청소하고 어메니티나 침대시트, 주방용품들을 알아서 세팅해 주는데 무엇보다 한국말이 통하니 속이 다 시원하다. 보통 2인용 콘도텔의 경우에는 $100의 청소비가 책정되는데 한달 평균 7회 정도가 발생한다. 그러니 관리인의 수입은 청소비로 한달 $700과 방값 전체의 15%~20%의 커미션을 받고 세금(손님에게 GE Tax 4.71%, TA Tax 10.25%)을 받아 세금신고를 대행해 준다.

무엇보다도 소유주가 하와이 갈 일이 있어 자신의 콘도텔을 직접 쓰게 될 경우에는 그만큼의 날짜를 미리 비워 두게 한 후 언제든지 사용할 수 있다는 점이 가장 큰 장점이지만 대형 관리업체들에 비해 광고 등이 약하고 체계적인 관리가 미흡할 수 있다는 단점도 있다.

대형 업체들은 슈퍼호스트가 되는 것에 연연하지 않고 방을 날짜별로 연달아 예약을 받으며 방값을 할인해 주지 않으며 관리하지만 개인 관리업자의 경우에는 그렇게 연달아 예약을 받으려다 보면 예약을 거절해야 하는 경우가 생기다보니 슈퍼호스트라는 타이틀을 놓치게 된다. 예약이 들어오는 대로 받게 될 때는 중간 하루나 이틀의 짜투리 날들이 생기게 마련이다. 이런 날짜들은 가격할인을 하여 예약을 받게 되니 소유주 입장에서는 이런 부분에서 수익성이 떨어질 수 있다.

와이키키 지역에는 에어비앤비가 가능한 건물을 포함하여 호텔이 110개정도가 있다. 아직은 코로나 시국이지만 미국 본토 관광객들만으로도 현재 하와이는 만원사례다. 보통 한 두달 예약이 꽉 차 있어 공실을 찾기 힘들다. 그에 비해 밀려드는 관광객은 이미 코로나 사태 이전 수준을 넘어서 120%인 상태라고 알려지고 있다. 그러니까 와이키키의 경우에는 에어비앤비를 운영할 때 적정한 방값으로 예약을 받는다면 공실을 걱정할 필요는 없다. 그러니 수익성과 사용가능 여부를 따져 본인에게 잘 맞는 관리업체를 선택하여 운영을 맡기면 될 뿐 관리하기 어려울 것 같아 부동산 구매를 망설일 이유는 없다.

10. 미국 부동산 구매시 한국인이 미국 은행에서 대출이 가능한가? 대출 이자률은?

한국인이라도 미국 부동산을 취득할 때 미국은행으로부터 대출을 받을 수 있다. 이 분야에 경험이 많은 현지 부동산 에이전트들은 은행업무에도 밝은 담당자가 있어 현지 은행과의 화상미팅을 주선해 주기도 한다. 미팅을 한다고 모두 대출 승인이 나는 것은 아니다. 구매자의 수입이 명확하고 대출에 걸맞은 수입 입증이 되어야 대출 승인을 기대해 볼 수 있다.

한국의 대출과 미국의 대출이 좀 다르다. 한국은 구매하는 부동산이나 기존에 가지고 있는 다른 부동산을 담보로 대출이 가능한 반면 미국은 철저히 현재의 수입이 대출을 갚아 나갈 수 있는지 즉, 세금 그리고 신용조회를 통해 보고한 소득에서 지출한 모든 부분을 차감한 계산 DTI(Debt To Income)를 철저하게 심사한다. 수입 입증 서류는 최근 2년간의 국세청 세금 납부 증명원과 최근 3개월의 수입확인서이다. 나도 은행과 온라인 미팅을 진행한 결과, 고정금리 3.7%, 변동금리는 3.25%로 대출해 줄 수 있다고 했다. 외국인이라고 터무니 없이 높은 이자율을 제시한 것 같지는 않다.

구매하려는 부동산이 수익성 부동산이므로 여기서 나오는 수입으로 충분히 대출을 갚을 수 있다고 하더라도 신규 부동산을 담보로 대출은 되지 않는다. 그 부동산으로부터 나오는 수입에 대한 세금을 납부한 후에나 수입 입증 자료로 사용할 수 있으니 최소한 1년은 지나야 가능한 것이다.

한국인이 하와이 부동산을 취득하고 세금을 납부하려면 먼저 ITIN 세금번호가 필요하다. ITIN을 만들기 전까지 원천징수로 30%의 세금을 내고 ITIN 세금번호를 만든후 차후에 정산을 받는 방법을 사용해야 한다. 미국에 세금을 납부하기 위해 세금번호를 만드는 것이지만 다음해까지 기다리지 않고 사전에 ITIN을 만들려면 좀 까다롭다. 외국인은 이 번호를 만들어 미국에서 일을 할 때 사용할 수 있다고 생각하기 때문이다. 그러므로 발급받은 세금번호를 미국에서 일하는데 쓰지 않고 구매한 부동산의 세금을 내는데 쓸 것이라는 것을 명확하게 밝히고 신청을 해야 한다.

내가 ITIN을 온라인으로 신청했을때 “당신은 SSN이 없어 ITIN을 발급해 줄 수 없다”는 황당한 답변을 받은 적이 있다. 이 세금번호가 있어야 에어비앤비를 할 때 내는 세금인 GE Tax와 TA Tax 번호를 신청할 수 있는 것이다(고객들이 낸 세금을 그대로 국세청에 매월 세금

신고를 해야 한다). 이런 세금 납부 실적이 쌓여야 다음에 대출을 받을 때 수입 인정도 받을 수 있는 것이다.

오프라인으로 ITIN을 신청하는 방법은 W-7 서류를 인터넷으로 다운받아 작성하고 여권사본을 외교통상부 여권과에 가서 공증을 받아 동봉한후 텍사스 오스틴의 국세청으로 우편으로 직접 신청하는 것이다.

11. 해외 부동산 세금은?

부동산에는 여러 종류의 세금이 있지만 취득세, 보유세, 양도세 크게 이 세가지 세금이 대표적이다.

(1) 취득세

하와이는 한국과 달리 취득세와 등록세가 없다. 등록비로만 $100정도가 발생한다. 반면 한국의 취득세는?(2021년 기준)

1 주택의 경우 1~3%, 2 주택의 경우 8%, 3 주택이상의 경우 12%의 취득세가 있다.

(2) 보유세

보유세는 크게 재산세와 종부세로 나뉘고 한국은 보유기간 동안 납부하는 재산세와 그 자산 가액이 클 경우에 과세 표준에 따른 종부세가 추가로 부과된다. 그러나 하와이는 다주택자에 대한 종부세가 없다. 부동산의 가격과 종류, 목적에 따라(주거인지 에어비앤비용인지 등) 세금이 달라진다. 세금 역시 콘도텔의 경우에 주거용과는 세금액에서 차이가 있다. 에어비앤비용 부동산의 경우에는 20만 달러의 부동산을 기준으로 1년에 $3,000의 보유세가 있다. 주거용에 비해 에어비앤비용 부동산은 수익성 부동산이므로 2배에서 5배까지 세금이 더 높은 것이다. 그렇기 때문에 하와이 주정부에서 주거용 콘도에서 에어비앤비 운영을 하는 것에 대해 법적 제재를 하겠다고 경고장을 보내는 것이다.

한국의 재산세는 0.1%~0.4%, 종부세 0.6%~6.0%(1주택 9억 원/2주택 이상 6억 원까지 공제) 반면 미국의 재산세는 1.05%~1.2%(과세표준 기준은 취득가액, 보유세 인상한도 연 2%)이고, 종부세는 없다.

(3) 양도세

양도세는 부동산을 매도할 때 발생한다. 해당 부동산의 차액과 보유 기간, 실제 거주기간에 따라 양도세가 부과된다. 미국도 마찬가지다. 실제 거주기간이 길면 공제금액이 있고 부부 각각 공제금액이 있어 공제금액이 2배가 된다.

한국의 양도세는 2021년 6월 1일부터 1 주택 6~45%, 2 주택 26~55%, 3 주택 36~75%이다. 반면 미국의 양도세는 다주택자 중과세는 없다. 1년 미만 보유시 10~37%, 1년 이상 보유시 0~20%(5년 이내에 2년 거주시 양도 차익 50만 달러까지 공제)이다. 미국 양도소득세 세율은 보유 기간과 소득 수준에 따라 다르다.

① 보유 기간

양도 자산을 1년 이하 보유한 후에 매도를 하면 Short-term Capital Gain이 되며, 1년 초과 보유하면 Long-term Capital Gain이 된다. 당연히 1년 넘게 보유한 후에 매도를 해야 양도세율이 더 낮다.

② Short-term Capital Gain(1년 이하)

미국 양도소득 세율은 Short-term인 경우 본인에게 적용되는 소득세율(tax brackets)이 그대로 적용된다.

③ Long-term Capital Gain(1년 초과)

소득 수준(income)에 따라 Long-term Capital Gain은 0%, 15%, 20%가 적용된다.

한국인이 보유한 해외 부동산에 대해 양도세가 있다. 한국세법상 해외 부동산 양도차액에도 세금이 있다. 해외 현지의 세금을 그 나라 세법에 맞게 납세한 후 한국 양도세에 따라 더 내면 된다. 4천6백만원까지 양도차익이 생겼으면 한국과 미국의 양도세가 비슷하나 그 이상 양도차익이 발생하면 추가로 한국 국세청에 세금을 내야 한다(한국의 해외 부동산 양도세 내용으로 볼 때 비싼 물건일 수록 크게 남을 수 있으니 세금을 많이 낼 가능성이 많다. 그러니 작은 부동산 여러 개가 세법상으로는 유리할 수 있다).

과세표준 양도세율 누진공제액은 12백만원 6%, 46백만원 15% +108만원, 88백만원 24% + 522만원, 1억 5천만원이하 35% + 1,490만원, 3억원이하 38% + 1,940만원, 5억원이하 40% + 2,540만원, 5억원초과 42% + 3,540만원(해외 현지국가에서 부동산 양도와 관련된 양도소득세를 신고, 납부한 경우, 그 납부 세액은 세액공제를 받거나 또는 필요경비에 산입하는 방법으로 공제받아 이중과세는 되지 않는다. 양도소득세 계산 시 해외주택은 국내주택 수의 계산에서 제외된다)

미국은 외국인이 미국 부동산(주택)을 취득하는 것에 법적인 제한을 두고 있지 않다. 다만, 외국인이 주택을 담보로 대출을 받고자 하는 경우에는 상대적으로 높은 선납금(Down Payment)비율과 금리를 적용받으며, 보유 및 처분을 하는 과정에서 미국 국세청인 IRS에서 일정 비율을 원천징수 한다는 점에서는 차이가 있다.

한국 거주자는 미국 부동산의 취득과 관련하여 외국환 거래법상 신고·보고해야 하는 의무가 있고, 해당 부동산으로부터 발생한 소득을 IRS에 신고했더라도 한국 국세청에 별도로 신고해야 한다.

미국 부동산 재산세를 한국에서 신용카드로 납부할 수 있다. 미국 부동산 재산세는 1분기 7월~12월, 2분기 1월~6월로 나누어 납부하는데 1분기는 매년 8월 20일까지 납부하면 되고, 2분기 재산세는 매년 2월 20일까지 납부하면 된다. 인터넷 사이트에서 신용카드로 결재가 가능하고 1분기, 2분기 세금을 한번에 결재해도 된다.

【 임대 시 세금 납부 및 양도 시 세금 납부 】

* 해외부동산 취득 및 임대 신고

  - 해외부동산 취득 시 다음 연도 종합소득세 신고 기간(5월)에 「해외부동산 취득 및 투자운용(임대)명세서」를 국세청(관할세무서)에 제출하여 취득 사실을 신고하며, 임대 시 임대 내용을 기재하여 신고

* 임대소득 및 양도소득 신고·납부

  - 해외부동산 임대소득은 다음연도 종합소득세 신고시 다른 소득과 합산하여 신고·납부

  - 해외부동산 양도 소득은 양도일이 속하는 달 말일부터 2개월 이내 예정신고 ·납부

  동일 연도에 부동산 등을 여러 건 양도한 경우 다음 연도 종합소득세 신고 기간에 확정신고·납부

【 미국 내 보유 세금 납부 】

* 재산세 납부

  - 보유세 개념으로 주 정부 및 지방자치단체에서 과세(50개주 대표 도시의 중위 실효세율은 1.54%)

* 임대 소득 및 양도소득 신고 ·납부

  - 임대 소득은 다음 연도에 개인소득세 신고 시 다른 소득과 합산하여 신고·납부

  - 양도 소득은 다음 연도에 개인소득세 신고 시 다른 소득과 합산하여 신고·납부

  ▶ 양도 소득에 대한 연방소득세의 경우 보유기간이 1년 미만이면 일반 소득세율을 적용하고 1년 이상이면 상대적으로 낮은 양도세율을 적용(또한 주 거주지로 정하고 2년 이상 거주하면 양도세 공제 혜택 있음)

Part 3. 재테크 전략편

현금도 종목이고 쉬는 것도 투자다

1. 버블이 커지는 시기의 재테크 전략

버블이 커질 때는 버블에 올라타야 돈을 벌 수 있다. 제롬 파월 미국 중앙은행(연준) 의장은 2021년 6월 22일 코로나19 관련 미국 하원 청문회에 출석해 “인플레이션이 우리가 예상했던 것보다 크고 더 오래 지속될 수 있지만, 결과적으로 둔화될 것으로 예상된다”며 “인플레이션 우려로 금리를 선제 인상하지는 않을 것”이라고 말했다. 이 뉴스 기사를 그대로 인용하는 이유는 투자자들 모두가 제롬 파월 의장의 말에 촉각을 곤두세우고 있기 때문이다. 미국이 언제쯤 금리 인상을 할 것인지는 자산시장에 투자하고 있는 투자자들에게는 무척 중요한 문제이다.

최근 미국을 비롯해 한국도 자산 가격이 급등했다. 주가도 2020년 3월 19일 바닥을 치고 코스피 지수가 130% 상승을 하고, 부동산도 많이 올랐다. 미국의 경우를 보면 2008년 금융위기 때 바닥을 찍었던 지수에 비해 2021년 6월말 현재 다우 종합지수는 443%(2,181.35p~11,860.67P), 다우 산업지수는 442%(6,470.11p~35,091.56p), S&P500지수는 545%(666.79P~4,302.43P), 나스닥 종합지수는 1,048%(1,265.52p~14,535.97p) 상승했다. 2008년 금융위기 이후 2021년 6월 말 현재까지 미국 주식 다우지수는 약 4.5배, 나스닥지수는 10배가 오른 것이다.

2008년 미국의 서브프라임 모기지 사태로 부동산 버블이 터졌다. 금융위기가 오자 미국은 침체된 경제를 살리기 위해 무제한으로 돈을 풀었다. 모든 사태가 진정되고 경기도 좋아지자 2015년부터 금리를 인상하면서 풀렸던 돈의 회수에 나섰다. 풀렸던 돈을 다 회수하기도 전에 2020년 2월 미국에서 코로나19 사태가 터졌다. 나라가 봉쇄되고 경제가 동맥 경화현상을 보이자 2008년 금융위기 때 풀었던 돈보다도 6배나 더 많은 돈을 풀고 있다. 엄청난 유동성과 0%대의 초저금리로 주식은 폭등했고 부동산도 올랐다.

유동성이 증가하고 저금리가 계속되면 자산 가격이 상승하게 된다. 시중의 유동성 증가라는 요인 말고 자산 버블을 키우는 주요 요인이 두 가지가 더 있는데 원자재 가격상승과 수요 견인 물가가 그것이다. 즉 유동성, 저금리, 원자재 슈퍼사이클, 수요 견인 물가는 자산버블을 키우는 가장 중요한 4대 요인이다.

경기가 회복되기 시작하면 공장이나 집도 짓고 하면서 원자재 수요가 증가하며 가격이 상승한다. 최근에 미국에서 집값이 상승하면서 목재 가격이 폭등한 것은 좋은 예다. 원자재 가격의 상승은 결국 기업이 만드는 제품가격에 영향을 끼쳐 제품가격이 오른다. 예를 들면 라면의 원료인 밀가루 가격이 오르면 라면값이 오를 수밖에 없다. 라면 제조업체들은 원가가 상승하니 가격을 인상하게 된다. 밀가루 경작이 늘어 가격이 떨어져도 한번 오른 라면 가격은 내려가지 않는다. 이 부분은 고스란히 기업 수익으로 남고 올라간 가격으로 인해 물가가 오르는 것이다(이런 부분이 라면 업체 주가의 핵심 체크 포인트이기도 하다).

원자재의 가격상승이 제품가격에 전가되어 2~3년에 걸쳐 물가상승이 이어지게 된다. 원자재의 슈퍼사이클은 일단 시작되면 2년에서 3년간 이어진다.

원자재 가격 상승의 경우, 원유도 마찬가지이다. 2020년 코로나 사태가 터지자 원유수요가 급감하여 저장고가 부족하다 보니 원유 선물 가격이 마이너스 $14까지 떨어졌다. 백신이 보급되면서 수요가 회복되어 이 글을 쓰고 있는 2021년 7월 6일 현재 WTI(서부 텍사스유) 가격은 $73.37까지 올라있다. 원자재 가격의 상승은 유동성과 저금리 · 수요 견인 물가와 함께 자산 버블을 키우는 요인이 된다.

자산 버블을 키우는 또 하나의 주요 변수가 수요 견인 물가이다. 팬데믹 이후 비행기가 멈추고 마스크를 쓰고 다니느라 여자들은 립스틱을 바르거나 색조 화장을 하지 않아도 되었다. 여행도 못 가고 마스크를 쓰고 할 수 있는 일이 없다 보니 소비는 위축될 수밖에 없었다. 그러다 백신 접종률이 올라가고 코로나 신규 확진자 수가 줄어들게 되면 억눌려 있던 수요가 증가하기 시작할 것이다. 봄 방학 이후 미국 본토 주민이 하와이로 하루 수만 명씩 몰린 것은 팬데믹이 끝났을 때 제품 수요와 여행 수요증가가 어떨지를 보여주는 좋은 예이다. 이렇게 급격하게 산업이 한꺼번에 폭발하게 되면 문제를 촉발시킬 수 있다. 수요가 늘어나면 수요에 맞춰 공장 증설이 따라 이루어지게 되고 공급 과잉이 되면 결국 문 닫는 기업이 생긴다. 그래서 경제 문제가 된다.

최근 마스크 가격이 많이 저렴해졌다. 코로나19 초창기에 고가의 마스크를 줄 서서 구매했던 때가 엊그제다. 마스크 제조업체가 급격하게 늘다 보니 원가 이하의 가격으로 판매하는 업체가 생겨나기 시작했다. 제조업체 수가 많아져 과도한 경쟁으로 결국 망하는 마스크업체가 나오게 된다. 그리고 이런 유사한 일이 다른 산업에서도 똑같이 일어나게 된다. 이런 경제문제를 미연에 방지하기 위해 미국 연준(Fed)은 금리 인상을 통해 적절히 조정해 주게 된다. 그 전에 선행되는 일이 테이퍼링이다. 풀던 돈을 줄여 푼다는 것이다.

테이퍼링은 자산 가격 상승요인 중에 가장 중요한 것이 사라지는 것을 의미한다. 시중에 넘쳐나던 돈이 사라지게 되는 것이다. 시중에 돈이 사라지게 되면 주식 시장이든 부동산 시장이든 모든 자산 시장에서 가격에 악영향을 미친다. 그래서 테이퍼링 이야기가 나오면 주식시장이 출렁이는 것이다. 수요가 증가하며 이제 겨우 미국 경제가 살아나기 시작하는데 테이퍼링으로 찬물을 끼얹을 수는 없을 것이다. 물가가 오르는 것이 뻔히 보이는데도 테이퍼링이나 금리 인상을 조기에 쉽게 시행할 수 없는 이유이다. 자산시장에 큰 충격을 주는 일이기에 제롬 파월 연준 의장이 미 하원 청문회에 출석하여 금리 인상을 선제적으로 인상하지 않겠다고 공식 석상에서까지 말을 하고 있는 것이다. 테이퍼링도 연말까지 않겠다는 것이다. 이 말은 시중에 돈은 아직은 지속적으로 풀릴 것이라는 이야기다.

시중에 돈이 지속적으로 풀리게 되면 자산 가격의 상승은 좀 더 이어지게 될 거라는 걸 의미한다. 지금처럼 시중에 돈이 계속 풀리면 자산 버블이 커지게 된다. 자산 버블이 커질 때는 버블에 올라타야 돈을 벌 수 있다. 자산 버블이 커지다가 테이퍼링을 한다는 이야기가 나오고 금리 인상이 시작되면 버블이 터지게 된다. 그러기 전까지는 버블 열차에 탑승해서 속도를 즐겨야 한다. 원자재 가격 인상과 수요폭발로 가격이 인상되면 산업에서는 이윤을 많이 남길 수 있어 좋지만, 유동성과 맞물려 돈이 휴지가 되어간다. 이런 시기에 현금을 들고 있는 것은 얼음덩어리를 냉장고가 아닌 손에 들고 있는 것과 같다. 얼음 녹듯 현금의 가치가 줄어드는 것이다.

유동성과 저금리, 원자재 슈퍼사이클, 수요 견인 물가 등의 4가지 요인이 자산 가격의 상승을 부추기면서 버블을 진행시킨다. 자산시장이 펄펄 끓게 되는 것이다. 버블이 커지는 시기에는 투자자들이 현금을 실물자산으로 옮겨 놓아야 한다. 그런 시기에는 주식과 부동산 등 자산 시장의 버블에 올라타 있어야 돈을 번다. 2020년과 2021년에 걸쳐 전 세계 주식과 부동산 등의 자산 시장에서 주가 상승과 부동산 가격의 폭등이 좋은 예다. 이러한 시기에 자산 버블에 올라타지 못한 사람들은 '벼락 거지'가 되었다며 한탄을 했다. 이런 사이클의 원리로 최근 1년 사이 한국 코스피 주가도 130% 상승을 했고, 부동산도 폭등했다. 버블이 커지는 시기에는 버블에 올라타 있어야 돈을 번다.

2. 한국은 양털 깎기를 당하게 될까?

한국 경제는 세계 10위권을 넘나들 만큼 경제 대국으로 발돋움했다. 아직 세계 경제 3위인 일본에는 여러 면에서 뒤지지만, 물가를 감안한 국민의 실질 소득은 한국이 일본을 추월했다는 이야기가 나올 정도다.

자산 가격의 폭등은 금융자산 대비 부채의 비율마저 떨어뜨렸다. 가계부채가 늘어 위험 수준이라는 자극적인 기사 내용이 신문 지상을 장식한다. 전문가들은 방송에 나와 부채가 많아져 곧 나라가 망하기라도 할 것처럼 말하곤 한다. 그런데 국민들의 보유자산 가격이 상승하면 부채 비율이 상대적으로 낮아진다. 전체 가계부채가 계속 늘어나고 있지만 갖고 있던 주식의 가격과 부동산 가격의 상승으로 자산대비 부채비율이 떨어져 가계 재무제표가 안정적으로 보이게 만든다. 이렇게 자산 가격이 고공행진을 지속하면 버블이 발생하게 되어 국제투기자본가들의 표적이 될 수 있다.

양털 깎기는 유명한 경제에서의 음모론이다. 농장주는 양의 털이 풍성하게 자랄 때까지 기다린다. 포동포동하게 양을 살찌우고 양털이 윤기 있게 자랄 때까지 기다린다. 농장주는 양의 털을 풍성하게 키우기 위해 아낌없이 양들에게 먹이를 먹인다. 풍성하게 살을 찌운 양들이 행복에 젖어 있을 때 농장주는 때를 기다렸다는 듯이 과감하게 털을 깎고 고기를 팔아 치워 수입을 얻는다.

농장주는 국제 투기자본 세력들이며 이 국제 투기자본 세력들은 국제금융재벌, 금융선진국의 정부, 국내외 대규모 투기집단 등 경제의 버블을 방조한 주체들이다. 양을 살찌우고 털을 풍성하게 키우는 이들의 계산적인 의도로 인해 방조된 경제에는 버블이 쌓인다. 행복에 겨운 양들은 도취되어 누구나 다 부자가 될 것 같은 마취제에 취해 있을 때 털 깎기가 시작된다. 이런 시절의 자산시장은 거품이 잔뜩 끼게 된다. 유동성 확대와 금리 인하 등 경기 부양 조치들이 자산 가격을 급등시키고 거품이 생기게 만든다. 부자가 될 것 같은 마취제에 도취되어 있을 때 국제금융투기 세력들은 그간 투자해온 자산을 고가로 던져 팔아 큰 수익을 챙긴다. 국제 금융투기 세력들은 투자자산을 팔아 치우면서 버블경제에 대한 공포 분위기를 조성한다.

실물경제는 침체하게 되고 금융기관들은 부실 위험에 노출되는 것을 꺼려 대출을 조이게 되고 금리가 인상된다. 인플레이션이 심각한 나라는 화폐개혁 등등 몇 가지 카드까지 꺼내 들게 되며 자산가격의 폭락으로 이어진다. 버블이 터지고 경기 하강이 최고 바닥을 형성할 때까지 기다리며 그들은 또 준비할 것이다.

자산버블이 붕괴되는 때가 오면 매입한 부동산과 주식은 어떻게 될까? 부채로 획득한 자산은 폭락을 면치 못할 것이고 헐값에 나온 자산을 국제 금융투기세력들은 아주 싼값으로 다시 매입해 엄청난 이득을 취할 것이다. 이러한 양털 깎기는 아주 유명한 경제에서의 음모론이다.

국제금융투기세력들은 한번씩 양털깍기를 해서 돈을 번다. 물론 정부나 어떤 세력이 주도를 해서 한곳에 모여 공모를 하지는 않을 것이다. 이번에는 이 나라의 양털을 깎자며 계획을 세워 실행에 옮기지는 않는다. 나라별 양적완화의 정도가 도를 넘어서 버블이 끼었다고 판단되면 투자했던 자산을 매각하고 공매도까지 불사하여 수익을 챙긴다. 그 과정에서 해당 국가의 자산 가격이 폭락한다.

일본의 경우, 1985년 플라자 합의로 엔화 절상이 이루어졌다. 그 해 238엔이었던 환율이 1995년에 94엔까지 10년간 60.5%가 하락했다. 수출은 타격을 입었으며 경기가 침체하자 내수진작을 위해 금리를 5%에서 2.5%로 내리고 LTV(Loan To Value) 부동산 담보인정 비율을 200%까지 올려 토지가격의 2배까지 대출을 해주었다. 그러자 부동산과 주식이 폭발적으로 상승했다. 도쿄를 팔면 미국을 살 수 있다는 말까지 나왔다. 일본의 부동산 가치는 미국 부동산 가치의 4배까지 폭등했고, 일왕이 거처하는 지역의 땅값이 캘리포니아 전체와 맞먹을 정도였다. 1990년 일본은 시가총액이 전 세계

50%가 넘을 정도였다. 버블이 일정 수준을 넘어서자 부동산과 주가가 폭락하며 버블 붕괴로 이어졌다. 당시 일본은 자본시장이 개방된 상태로 자본 유출입이 자유로워 양털 깎기를 당하고 20년이라는 시간을 잃어버렸다. 한국도 1998년 외환위기로 자산 가격이 폭락했고 강남의 유명빌딩과 기업들 심지어는 은행까지도 외국계 자본에 팔리며 양털 깎기를 당했다.

국제금융투기 세력들은 유동성과 저금리 상황을 이용해 다른 나라의 자산에 투자하여 자산가격을 적정가치 이상으로 올린다. 이후 시중에 풀린 돈을 환수하려 하면 미국이 금리를 올리는 정책을 쓴다. 금리 인상으로 달러를 회수하면 해외로 나갔던 돈이 다시 미국으로 돌아간다. 자산을 팔아 달러로 환전하는 과정에서 해당 국가의 자산 가격은 폭락하고, 경제가 취약한 나라들은 외환위기까지 겪을 수 있다.

미국은 중국을 견제하기 위해 첨단 장비나 소재 수출을 금하고 있다. 화웨이에 5G 장비 수출금지 같은 것이 대표적이다. 미국에서 제조된 첨단제품을 중국에 들어가지 못하게 하는 정책에는 민주당과 공화당 모두 만장일치로 진행되는 일이기에 중국의 해당 기업들은 치명상을 입을 수밖에 없다. 반도체의 경우에도 자급률이 현저히 낮은 중국은 결국 미국에 의존하지 않을 수 없다. 그런 면에서 미중 패권 싸움은 미국의 승리로 끝날 가능성이 크다.

지금 미국의 경기 회복 속도를 봐도 세계 1등 자리를 그리 쉽게 중국에 내주지는 않을 것이다. 물론 중국은 이번 팬데믹에서 전 세계 거의 유일하게 양적완화 정책을 펴지 않았고, 부실기업들을 미리 정리하는 등 상황이 좋을 때 구조조정을 해오고 있다. 그런 면에서 중국은 자산 버블이 터지는 국면에서 양털 깎기 대상에서 벗어날 수 있을 것으로 보이고 오히려 한국이 위험할 수 있다.

러시아는 이미 금리를 올렸고 터키, 아르헨티나, 베트남, 말레지아등이 금리 인상을 했거나 고려하고 있다. 미국이 금리를 올리게 되면 외국자본이 빠져나가므로 울며 겨자먹기로 자국 금리를 올릴 수밖에 없을 것이다. 한국도 요즘 연내에 금리를 인상한다는 말이 슬슬 나오고 있다. 신문에 미국보다 먼저 금리를 인상할 수도 있을 것이라는 기사도 나오고 있다. 금리를 인상하면 모든 면에서 버블발생을 억제시킬 수 있다. 그러나 현재 한국 자영업자의 상황을 보면 금리 인상 카드를 함부로 쓸 수 있는 상황이 아니다. 수출에 주력하는 대기업들은 상황이 괜찮지만, 내수기업이나 자영업자의 상황이 발목을 잡고 있다. 금리 인상 카드를 쉽게 쓰기 어려운 대목이다. 그래서 미국이 테이퍼링, 금리 인상 이야기가 나오면 자산시장이 휘청거리는 상황이 연출된다.

한국은 5차 재난지원금이 곧 집행될 예정이다. 현재 자영업자들의 상황이 너무 악화되어 있어 한국도 계속 유동성을 공급하고 있지만, 시중에 돈이 지나치게 많이 풀렸다는 판단이 서면 국제 금융투기 세력들의 타겟이 될 수 있다. 그동안 오른 주식과 부동산 시장을 보면 그들이 이 가격에 지금 당장 팔고 떠난다고 해도 이상하지 않을 만큼 올라 있다. 그러니 양털 깎기의 위험에 노출될 수 있다. 국제 금융투기 세력들이 한국에서 자산을 매각하게 되면 환율이 요동칠 것이다. 이 경우 환율상승은 필연적이다.

그 어느 때 보다도 현재 한국은 잘 사는 나라가 되어 있다. 살은 포동포동하게 쪄 있고 털은 윤기가 흘러 국제금융투기 세력들이 군침을 흘릴 만한 상태가 되어 있다. 한국은 또다시 양털 깎기의 대상이 되고 말 것인가? 이런 시대의 재테크 전략은 어떤 것이어야 할까?

양털 깎기는 크고 거창하게 생각할 일이 아니다. 이미 물가 상승기에 접어들어 현금 가치가 하락할 테니 현금을 부동산으로 옮겨야 한다. 한국은 이미 많이 올랐으니 해외부동산으로 눈을 돌려도 괜찮다. 주식의 경우에는 2021년 6월 현재 8개월 연속 월봉상 양봉을 기록할 정도로 과열기에 접어들었다. 내가 모든 주식을 정리하여 하와이 부동산을 추가 매수하는 이유다. 이처럼 개미 수준의 투자자도 나라를 넘나들며 저평가되어 있다고 생각되는 부동산에 투자하는 시절이 바로 지금이다.

그런데 조지 소로스나 짐 로저스 같은 세계적인 투자자들은 어떻겠는가? 그들이 운용하는 펀드자금의 규모는 엄청나다. 큰 자본을 가지고 버블이 낀 나라의 자산을 매각한다. 심지어 공매도까지 불사한다. 그러면 자산 가격은 하락하게 된다. 더 저평가된 지역으로의 투자를 위해 달러를 회수하면 외환이 부족한 나라들은 외환위기까지도 겪게 된다. 이것이 양털 깎기 과정이다.

한국의 자산시장도 적정수준 이상의 자산 가격을 넘어 버블이 커졌다고 판단되면 국제금융투기 세력의 표적이 되고도 남는다. 적은 자본금 수준인 개인 투자자들도 서학개미라 해서 미국 주식을 직접 투자하고 해외 부동산까지 매입을 하는 마당에 버블이 커졌다는 평가를 받는다면 국제금융투기 세력들은 한국 자산시장에서 가차 없이 자산을 매도하여 더 저평가된 지역으로 투자처를 옮길 것이다.

3. 자산버블이 터질 때의 재테크 전략

자산가격이 폭등하는 시기에 사람들의 감각은 무뎌지기 시작한다. 거기에 인간의 광기까지 더해져 가치대비 적정한 가격인지 판단하기보다는 돈 놓고 돈 먹기식의 투기에 빠지게 된다. 버블이 터지는 시기에 재테크 방식은 이전과는 완전히 달라야 한다. 자산시장에 버블이 끼었다고 판단되면 국제 금융투기 세력들은 그 기회를 결코 놓치지 않을 것이기 때문이다. 버블이 터지면 위기가 찾아온다. 그러니 위기관리를 해야 하는 시기로 접어든 것이다. 어떤 자산의 가격이든 마냥 오르기만 하는 자산은 없다. 우선 자산시장에 투자했던 자금을 현금화해야 한다. 그래야 자산가격이 하락했을 때 또다시 기회를 잡을 수 있기 때문이다.

그럼 지금이 버블이라는 것을 어떻게 알 수 있을까? 국내총생산 대비 시가총액의 비율을 버핏지수라고 하는데 세계적인 투자자 워렌 버핏이 한 시점의 주식시장 가치를 따지는 가장 좋은 척도라 불렀다고 해서 그렇게 말한다.

국내총생산(GDP)과 주식의 시가총액이 같으면 100인데 시가총액이 미국의 GDP를 10% 넘으면 버핏지수는 110이다. 이 지표가 80 이하는 저평가, 100 이상은 고평가, 120 이상은 과열이라고 판단한다. 미국 증시의 GDP 대비 시가총액 비율은 2021년 6월 22일 현재 202.1%이다.

글로벌 금융위기 발생 이전인 2007년 10월에 이 지표는 107.5%, 2000년 닷컴 버블 때는 139.5%, 코로나 위기 발생 이전인 2019년 10월에는 151.2%를 기록했다. 현재 수준이 이미 과거 위기 발생 이전에 버블이 형성됐을 때를 크게 상회하는 것이다.

이 표는 2020년 8월 13일 현재 버핏지수인데 그후로도 주가가 꾸준히 상승하였다.

지난해 증시 호황으로 국내 증시 시가총액은 2366조원까지 커졌지만, 코로나 사태 여파로 명목 GDP는 0.1% 감소할 것으로 정부는 전망하고 있다. 이로 인해 2019년 89.5% 수준이었던 버핏 지수가 단번에 120% 넘는 수준으로 크게 증가한 것이다. 국내 증시의 버핏 지수는 코스피가 처음으로 2000 선을 넘었던 2007년에 96.5%까지 올랐었고, 2017년 102.9%로 처음 100%를 넘어선 적이 있다.

2020년 연말기준 한국의 버핏지수 그래프

2020년말보다 2021년 6월말 현재 주가지수는 더 상승해 있다. 참고로 한국의 경우, 2021년 6월 15일 코스피지수가 3,258.63P 였을 때의 버핏지수는 139%이다(2020년말 한국의 실질 GDP : 1,836조

8,811억 원).

자산 시장에서 경고음이 들리기 시작하면 현금화를 준비해야 한다. 버블 붕괴가 시작된다는 것을 알려면 미국 중앙은행 연방준비제도(연준)가 어떤 경제 진단을 내놓을지 주목해야 한다.

2021년 6월 연준 회의 결과, 위원들의 점도표를 보면 내년에 금리 인상을 예상하는 위원들이 늘어났고, 2023년에는 2번도 인상할 수 있다고 전망하는 위원들도 늘어났다. 이런 연준 회의 결과가 알려지면서 한국의 환율시장은 요동쳤다. 우리가 분기별 2회에 걸쳐 열리는 연방공개시장위원회(FOMC) 정례회의에서 기준금리, 테이퍼링에 대한 회의 결과에 주목해야 하는 이유는 바로 환율 때문이다. 이 회의에서 테이퍼링을 실시하자는 의견이 많아지면 대피를 시작해야 한다. 거기다 연준이 금리 인상을 결정하면 투자자산을 현금화하고 다음 기회를 대비하거나 더 안전한 투자자산 쪽으로 옮겨놓아야 한다. 그리고 그렇게 마련해 놓은 현금을 달러에 투자해야 한다.

위에서 살펴본 대로 유동성과 초저금리, 원자재 가격상승, 수요견인 물가 등으로 미루어 볼 때 물가 상승을 예측하는 일은 어렵지 않다. 이 물가 상승이 주기적으로 지속되어 인플레이션으로 넘어간다는 판단이 서면 금리를 인상하게 될 것이다. 결국 시기가 문제이지 금리는 인상될 수밖에 없다. 시중의 유동성을 회수하여 조정해줘야하는 시점이 오는 것이다. 실제로 미국의 금리가 인상되면 자산가격은 하락할 것이고 몇몇 신흥국들은 외환위기에 빠질 수도 있다. 2021년 연준 회의 다음 날인 6월 17일 한국의 외환시장에서 하루에 환율이 13원씩이나 급등하는 일이 벌어진 것만 보더라도 쉽게 예측할 수 있는 일이다.

원달러 환율은 최근 20년 사이 평균 1,200원 초반 가격을 형성했고 이를 중심으로 200원씩 위아래로 상승과 하락을 하는 경우가 몇 번이나 있었다. 미국이 금리 인상을 하면 한국 자산시장도 예외가 아니다. 급격하게 좋아지고 있는 미국 경기의 모습만 보더라도 미 달러가 약세가 될 것으로 예상하기는 힘든 상황이다. 이런 이유에서 달러 예금, 미국 주식, 미국 부동산과 같이 달러화로 된 자산에 관심을 둬야 하는 것이다. 그렇지만 지금까지 많이 오른 자산은 언제나 가격조정의 위험이 있으니 조심해야 한다. 미국 주가가 미국 부동산에 비해 많이 올랐다면 어느 자산에 투자하는 것이 더 유리하겠는가?

2021년 6월 16일에 한국에서 발표한 2021년 5월 중 거주자 외화예금 동향에 따르면 2021년 5월 외국환은행의 달러화 예금 잔액은 이전달보다 1억 7,000만 달러(+0.2%)가 늘어난 819억 5,000만 달러(약 91조 6,201억 원)이다. 이 중에서 개인의 달러 예금 잔액은 181억 5,000만 달러(총 달러 예금 잔액의 22%)로 한국 돈으로 환산하면 약 20조 원이 된다. 눈치 빠른 사람들은 벌써 안전 자산으로 투자자금을 옮겨 놓고 있다는 이야기다.

요즘 유튜브 방송을 보다 보면 약사나 작가 등 주식과는 전혀 상관없던 일을 하던 사람들이 주식투자 관한 방송을 한다. 취미나 재미를 위한 방송이 아니라 투자 조언을 하고 있다. 그뿐만 아니라 증권회사 32년 차인 나에게 하루에도 몇 번씩이나 주식투자 조언을 하겠다는 전화나 문자가 오기도 한다.

그들은 과연 주식투자에 대해 어떤 경험을 얼마나 많이 해본 사람들이기에 그렇게 자신 있게 주식을 추천하겠다는 걸까? 비전문가가 주식투자전문가에게까지 투자 조언을 한다면 주가 상승 마지막 단계라던 피터린치의 칵테일 파티 이론이 떠오르게 하는 요즈음이다.

4. 인플레이션 시대의 재테크

물가상승은 인플레이션으로 이어질 것인가?

물가 상승과 인플레이션을 같은 개념으로 혼용하여 종종 사용한다. 그러나 두 단어에는 차이점이 있다. 인플레이션(Inflation)의 사전적 의미를 보면, 화폐가치가 하락하여 물가가 전반적·지속적으로 상승하는 경제 현상이다. 종래에는 인플레이션을 통화팽창이라고 보았으나, 최근에는 물가수준의 지속적 상승 과정으로 정의하고 있다. 물가 상승은 제품이나 서비스의 단순한 상승을 의미하는 반면 인플레이션은 지속적인 상승으로 화폐가치가 하락하는 과정을 말한다.

공산품 가격은 2012년 이후에는 하락하면서 비교적 안정된 물가 상황이 이어졌고, 미국에서 달러를 기준으로 중국 제품의 수입물가 지수도 2012년 이후 하락 추세였다가 최근 상승추세로 전환되었다. 지금까지의 현상을 보면 단순 제품가격 상승이라기보다는 인플레이션이 더 적합해 보인다.

앞으로 주택 가격과 전셋값 상승과 더불어 금리 상승이 이어지고, 가파른 생산자 물가지수가 소비자 물가로 전이되면서 물가는 예상을 초월하는 속도로 상승할 수 있다. 특히 정부가 풀고 있는 재난지원금은 생산 없이 돈을 푸는 것이므로 소비량을 자극하기보다는 물가를 자극해 가격 상승을 촉진한다. 이 때문에 앞으로는 인플레이션 시대에 맞는 재테크를 어떻게 하느냐에 따라 투자성과가 달라질 것이다. 인플레이션 과정이 진행되면서 벼락 거지가 탄생되기도 하고 벼락부자가 나오기도 할 것이다. 지금까지 디플레이션에 적응했던 삶의 방식을 인플레이션에 어떻게 대응하여 새롭게 변화하느냐에 따라 투자성과가 크게 달라질 것이다. 재테크 역시 그것을 염두에 둔 방법이어야 한다.

이런 시기의 주식투자는 판매량이 늘면서 가격이 오르는 산업에 주목하고 경쟁력이 강하고 저평가된 기업의 주식에 관심을 가져야 한다. 가격이 간헐적으로 오르는 제품보다는 지속적으로 오르는 제품에 주목하고 그런 비즈니스 경쟁력이 강한 기업의 주가에 관심을 가져야 한다. 하지만 인플레이션 가능성 때문에 주가가 이미 급등했다면 비중을 줄여 현금화하거나 관심 주식의 수를 줄여 몇 개의 주식에만 투자해야 한다. 인플레이션 위험이 오면 시중에 풀린 돈을 회수하여 조절을 해줘야 한다. 그 방법 중 하나가 테이퍼링을 통해 풀던 돈을 줄이고 나아가서 금리를 인상하는 것이다.

제롬 파월 연준(Fed)의장은 금리 인상에 대해 아직은 시기상조라는 의견을 지속적으로 피력하고 있다. 하지만 시장에 이런 단어들을 흘리는 것은 시기가 문제일 뿐 곧 시행할 것이니 미리 대비하라는 암시이다. 즉 미리 준비하여 충격을 최소화하라는 뜻이다.

금리가 인상되면 주식시장에서는 당장 영향을 받을 가능성이 크다. "어떤 재료보다 수급이 우선한다"는 주식투자 격언이 있다. 오를 대로 올랐다는 것만큼 악재도 없는 법이다. 거기에 테이퍼링, 금리 인상은 수요가 줄어든다는 것을 의미하기 때문에 주식시장에는 악재이다. 인플레이션 초창기에는 주가가 오른다는 이론은 주가가 적당히 올랐을 때의 이야기지 이렇게 폭등해 있는 상황에서 적용할 이론이 아니다. 주가가 바닥권에 있을 때나 맞는 이론이다. 시중에 풀려 있는 유동성의 힘과 경기가 좋아질 것이라는 예상으로 이미 주가가 오를 대로 올라 있는 시점에서는 무조건 악재이다.

5. 불확실성 시대의 현명한 재테크

현금도 하나의 종목이고, 쉬는 것도 투자다.

장기투자가 능사가 아닐 수 있다.

투자에 있어서 요즘은 정보의 홍수 시대다. 그런 TMI(Two Much Information)가 해가 되는 시기가 바로 지금이다. 증권 관련 방송이나 유튜브를 보면 시도 때도 없이 장래 유망 종목을 추천한다. 이 매체들을 접한 초보 투자자들은 전체 주식시장의 장세가 어떻게 돌아가는 것인지 보다는 오로지 "어떤 종목을 매수해야 당장 수익을 올릴 수 있을까?"에 몰두하고 있다. 그러니 증권계좌에 현금이 남아있는 것이 용납이 안 된다. 주가가 조정하는 시기에는 현금도 하나의 우량한 종목이다(인플레이션 시대의 '가치가 떨어지는 현금'과는 구분된 '주식투자자에게 있어서의 종목으로써의 현금'을 말한다).

자산시장에서 주식은 오를만큼 오르고나면 조정은 필연적으로 온다. 지금 주식을 팔아 현금화했다가 나중에 얼마든지 더 쌀 때 매수하면 되는 것이다. 그런데 방송이나 문자, 전화로 전문가인지 비전문가인지 모를 일면식도 없는 사람들이 끊임없이 추천 종목을 보내온다. 매수만 주식투자인 것처럼 이야기하는 환경에서 주식투자를 하다 보니 주가가 조정되는 시기로 접어들면 그동안 냈던 수익률을 모두 까먹고 마이너스로 접어들게 된다. 떨어지는 주가를 바라보며 이러지도 저러지도 못하고 마는 것이다. 2020년에 처음으로 주식투자를 시작했던 투자자의 수익률이 마이너스 1%를 기록했다는 뉴스를 본 적이 있다. 코스피 지수가 바닥에서 130%나 오르는 기간이었는데도 수익률이 마이너스란다. 주식투자 쉽지 않다. 주식투자 정말 어렵다. 전체 주식투자자 중 같은 기간에 64%의 투자자가 원금손실 중이라는 뉴스는 더 충격적이다.

2020년 3월 19일 이후 주가가 100% 이상 올랐으면 조정을 염두에 두어야 한다. 코스피 지수가 1년 사이에 130%나 상승했는데 그 시기에 마이너스 수익률을 기록했다면 주식투자에 재능이 없는 것이다. 지금 당장 주식을 현금화한 후 공부부터 다시 하고 주식투자를 시작해도 늦지 않다.

현금도 하나의 종목이라는 생각으로 현금화해놓고 다음 장을 준비해도 늦지 않다. 지구가 망하지 않는 한 주식시장이 열릴 것이다. 빨리 벌고 싶다고 바늘허리에 실을 묶어 바느질을 할 수는 없는 법이다. 장세가 받쳐줄 때도 수익을 내지 못했다면 실력이 전혀 없는 거다. 이런 투자자일수록 주가가 조정기로 접어들면 계좌의 손실은 급격히 커진다.

운 좋게 벌었던 투자자라도 장세 덕분에 벌었던 것이라 생각하지 않고 실력으로 벌었다고 생각한다면 짧은 조정기만 와도 벌었던 수익은 급격히 줄어들 것이다. 누군가 유망하다며 추천하는 종목을 매수해서 돈을 좀 벌었다고 해도 본인 실력으로 번 돈이 아닌 것은 지켜지지 않게 되어 있다. 단기간의 투자 수익률 연구에서 원숭이가 사람보다 더 나은 수익률을 기록하더라는 연구 결과가 있다. 짧은 단기간의 구간에서 원숭이 수익률이 사람보다 더 나을 수도 있는 곳이 바로 주식시장이다. 그러니 단기간의 투자수익률을 가지고 실력이라 착각하는 일이 없어야 한다. 장기간에 걸친 투자에서 좋은 성과를 내는 투자자가 되려면 공부를 통해 실력을 길러야 한다.

부동산 투자도 마찬가지다. 서울 부동산 가격은 천정부지다. 추격 매수는 바닥권에서 상승을 시작할 때 구사해야 하는 투자법이지 오를 만큼 오른 상태에서 구사할 투자법이 아니다. 천정부지로 오른 서울의 부동산 말고 오르지 않은 해외 부동산에 관심을 두어야 하는 이유가 바로 거기에 있다. 하와이뿐 만 아니라 관광객이 한동안 가지 못하고 있는 지역들의 부동산 가격이 얼마나 폭락하여 있겠는가? 하와이 부동산 구매과정을 소개했지만 잘 알지 못하는 지역에다 영어도 신경 쓰인다면 억지로 투자할 일은 아니다.

다음 기회를 노리고 쉬는 것도 투자다. 그러면서 관심 분야에 대한 공부를 해서 다가올 기회를 노리면 된다. '급등 후에는 쉬는 것도 투자다'라는 말은 재테크에 손을 놓으라는 의미가 아니다. 관심 분야에 대해 지속적인 공부를 하고 있어야 기회가 왔을 때 잡을 수가 있다.

한 나라의 왕이 하루는 현인들을 모아놓고 백성들이 잘살 수 있는 성공의 비결과 교훈이 될 만한 글을 지어오라고 명령했다. 학자들은 열심히 연구하고 토론하여 백성들이 잘살 수 있는 성공의 비결을 총 12권의 책으로 만들어 왕에게 전달했다. 그런데 왕은 그 책들을 보더니 탐탁지 않은 표정으로 학자들에게 말했다. "먹고 살기 바쁜 백성들이 이 많은 책을 언제 다 읽어보겠는가?" 그러니 간단하고 이해하기 쉽게 다시 줄여오라고 명령했다. 며칠 뒤 학자들은 12권의 책을 단 1권으로 줄여왔다. 하지만 이를 보고도 왕은 너무 길다며 손사래를 치자 결국 학자들은 가장 중요하다고 생각되는 한 장 분량을 내용을 써서 가져왔지만, 이마저도 왕은 고개를 저으며 한 장도 길다며 못마땅해했다. 결국 한 지혜로운 현인이 단 하나의 문장으로 정리하여 왕에게 바쳤다.

'공짜는 없다.'

투자에 있어서 공짜는 없다. 주식이든 부동산이든 이제 오를 만큼 올랐다. 그리고 물가, 인플레이션, 테이퍼링, 금리 인상, 환율 등등의 변수들이 자산시장의 큰 변동을 예고하고 있다. '역사는 반복된다'는 주식투자 격언이 있다. 주식에서든 부동산에서든 2020년 같은 매수찬스는 또 온다. 경제가 순환하기 때문이다. 2020년이 좋은 기회였는데 하면서 아쉬워할 필요는 없다. 다음에 또 기회가 올 것이기 때문이다.

가진 자산을 잃지만 않는다면 앞으로 얼마든지 인생에서 황금 같은 기회를 잡을 수 있다. 그때는 다이아몬드 같은 기회로 만들어 놓치지 말고 꼭 붙들기를 기원한다.

투자에 성공하려면 이제는 아웃사이더가 되어야...

<아웃사이더(Outsider)>의 뜻을 네이버 국어사전에서 찾아보면, “사회의 기성 틀에서 벗어나서 독자적인 사상을 지니고 행동하는 사람”이라고 나온다.

모두의 관심이 집중된 투자자산이나 투자 시기일 때 그 자산시장은 이미 과열인 경우가 많다. 그런 투자처에서의 재테크는 좋은 성과가 나오기 어렵다. “대중이 가지 않는 뒤안길에 꽃길이 있다”라는 투자 격언과 같은 맥락의 말이다. 인간관계에서는 인사이더(Insider)가 되어야 좋겠지만 투자에서는 아웃사이더가 되어야 좋은 결과를 가질 수 있다.

아웃사이더 재테크(Outsider Financial Techniques)는 보통 사람들이 할 수 있는 금액대의 재테크이면서 대중이 관심을 갖는 자산이 아니고, 많은 사람들이 매수에 관심을 두는 때가 아닌 시기의 재테크여야 좋은 투자가 된다는 뜻의 재테크이다.

내가 이 책을 내게 된 첫 번째 이유는..

조직이 임시로 맡겨 놓은 직급이 곧 ‘나’라고 착각하며 사는 인생이 직장인의 삶이다. 그런 직책이나 직위들은 그 조직의 오너가 아닌 한 누구든 그대로 반납하고 나와야 한다. 직장인은 돈도 없고 시간도 없다. 직장생활의 꽃이라는 임원이 되더라도 단임으로 끝나면 부자로 살기 힘들다. 임원으로 몇 번 연임이 되지 않는 한 월급만으로 부자로 살기는 어렵다. 많은 사람들이 재테크에 관심을 갖는 이유가 여기에 있다. 직장 안에서 5년 뒤 본인 모습은 뒤에 앉아 있는 5년 선배의 모습이다. 그 선배들의 5년, 10년 후의 모습이 본인의 모습이다.

우리가 재테크를 하는 이유는 <선택의 자유>를 갖기 위해서다. 돈과 시간의 자유를 갖기 위해서다. 죽을 때 입는 수의에는 주머니가 없다. 죽을 때 돈 넣어가려고 재테크를 하겠는가?

우리는 <자유>를 위해서 재테크를 한다.

'원하는 일을 원할 때 할 수 있는 자유'

'하기 싫은 일은 하지 않을 자유'

'만나고 싶지 않은 사람은 만나지 않아도 될 자유'를 위해서 재테크를 한다. 위험이 곳곳에 도사리고 있는 재테크 분야에서 <자유>를 추구하는 이들에게 조금이나마 도움이 되었으면 하는 바람 때문이다.

내가 이 책을 내게 된 두 번째 이유는..

증권맨 출신으로 성공한 분들이 많이 있지만 닮고 싶은 사람이 두 분 있다. 주식투자로 2천억 원의 자산을 만들어 낸 스마트인컴 박영옥 대표님과 증권회사 영업맨 출신으로 한국에서 가장 큰 증권회사인 미래에셋대우증권을 일구어낸 박현주 회장님이다. 이런 분들처럼 증권업계의 인사이더이고 싶었다. 인정하기 싫지만, 지금의 나는 아웃사이더라는 생각이 든다.

증권업계의 인사이더인 그 두 분이 내신 책을 공감하며 읽었던 기억이 있다. 30년 넘게 증권회사에 몸담고 있으면서 뭐 하나 이룬 것 없이 '돈만 벌다 가는 인생'으로 끝나는 건 슬픈 일이다. '증권회사 직장생활 32년의 경험으로 책 한 권은 남겨야지' 하는 생각에서 책을 쓰게 되었다.

지난 32년간 같은 부서나 지점에서 근무한 선후배 직장동료들과 관리한 손님의 수까지 헤아리면 내가 직접 만난 주식투자자는 수백 명, 아니 수천 명은 족히 될 것이다. 그런데 30년 넘게 증권맨으로 생활하며 '직원과 고객을 포함하여 주식투자에 통찰력이 있다'라고 생각한 사람은 단 한 사람도 없다. 같이 근무했던 직장동료들에게는 미안한 말이지만 한 사람도 없다. 적어도 내가 만나본 사람 중에는 없다.

나는 주식투자로 망가진 사람은 많이 만나봤지만, 주식투자로 팔자를 고친 사람은 이제껏 단 한 사람도 만나본 적이 없다. 물론 주가 상승기에 어느 정도 돈을 번 사람들은 많이 있지만, 인생을 바꿀 만큼 돈을 번 사람은 아직 만나보지 못했다는 말이다. 유튜브나 책에서 큰돈을 벌었다고 말하는 사람은 극히 일부의 성공적인 투자자의 이야기일 뿐이다. 그만큼 주식투자의 영역은 어렵다.

주변에서 풍문으로 '누가 얼마를 벌었다더라'라는 뉴스는 주가의 대세 상승기에 주로 많이 듣게 된다. 같은 기간에 주식투자를 했지만 본인 이야기가 아니라면 그들을 부러워 하기 전에 그 주인공들의 노력을 들여다봐야 한다. 나온 결과만 보고 본인도 그렇게 될 수 있으리라는 헛된 망상을 키웠다가는 주식시장 침체기에 제대로 쓴맛을 볼 수 있다. 이런저런 주식으로 돈을 벌었다는 소문이 들릴 때쯤이면 주식시장은 이미 끝물일 가능성이 크다.

코로나 시기에 수백만 건의 증권계좌가 신규로 개설되었다. 이렇게 투자를 하기 위해 너도나도 뛰어들고 있는 자산시장은 좋은 투자처라고 보기 힘들다. 그런 시기의 투자처에서는 조심해야 한다. 느긋하게 한 호흡 멈추고 인내심을 가지고 예의주시하며 지켜봐야 낭패를 보지 않게 된다.

2021년 들어 주식투자에서는 수익률을 내기 힘든 장세로 접어든 상태다. 부동산 가격도 천정부지니, 재테크로 좋은 성과를 내기 어려운 시절이 된 것이다. 작은 충격에도 주가가 하락을 하고 달러 환율이 급등을 한다. 지금 같은 시기에는 안전자산에 피해 있어야 할 때이다. 재테크를 한다며 위험자산에 투자할 시기가 아닌 것이다. '쉬는 것도 투자'일 때가 있다. 야구에서는 3개의 스트라이크가 들어올 때까지 야구방망이를 휘두르지 않으면 아웃이 되지만 재테크에서는 투자자가 원하는 공이 올 때만 휘두르면 된다. 잘 칠수 있는 공이 들어올 때만 휘둘러야 한다. 이런 부분들을 유념하여 재테크를 해야 한다. 돈을 벌려고 재테크를 하지만 반대로 큰 손실로 이어지는 재테크가 될 수도 있기 때문이다.

재테크의 완성을 절대 금액의 크기로 정하면 돈의 주인으로 살아가기 어렵다. '본인이 매달 지출하는 돈 이상의 수입이 되게 하는 것'으로 재테크의 목표를 정하게 될 때 워라벨이 되고 파이어족이 되는 시기를 앞당길 수 있다. 재테크의 완성은 "투자자산으로부터 어떤 현금흐름을 가져오게 할 것인가?"여야 한다. 그 현금흐름이 매달 지출되는 돈 이상으로 들어오게 해 놓으면 성공한 재테크이다. 그 상태가 부자인 것이다. 재테크의 목표를 이렇게 명확하게 잡고 시작해야 한다. 그것도 없이 절대금액의 크기만을 키우려는 막연한 재테크는 도리어 큰 화를 불러올 가능성이 크다.

이 책을 읽는 모든 분이 성공적인 재테크로 <일과 삶의 균형>속에 생활하며 <선택의 자유>를 갖고 살아가는 부자 인생이 되기를 기원한다.

끝으로 책이 나오는데 도움을 주신 정유진 대표님과 같은 증권회사에 근무한 인연으로 책 출간을 권유해 주신 김광석님께 깊은 감사 인사를 드린다.

아웃사이더 재테크
Outsider Financial Techniques

초판 발행 2021년 8월 26일

지은이 민경철
펴낸이 정유진
편 집 구웅희
디자인 이이사벨
펴낸곳 노북(no book)
주 소 서울특별시 서초구 강남대로53길 8, 11층
전 화 031-8025-9200 팩 스 050-4211-8560
https://blog.naver.com/nobookorea
이메일 nobookorea@gmail.com
출판등록 2018년 7월 27일 제2018-000072호
인 쇄 새한

ISBN 979-11-90462-17-4 (03320)